Hänen jalkojensa juuressa

2. osa

Hänen jalkojensa juuressa

2. osa

Amman opetuksia mietiskelemässä

Swami Paramatmananda Puri

Mata Amritanandamayi Center
San Ramon, Kalifornia, Yhdysvallat

Hänen jalkojensa juuressa – 2. osa
Amman opetuksia mietiskelemässä
Swami Paramatmananda Puri

Julkaisija:
Mata Amritanandamayi Center
P.O. Box 613
San Ramon, CA 94583
Yhdysvallat

———————— *The Dust of Her Feet - Volume 2 - Finnish* ————————

Copyright © 2020 Mata Amritanandamayi Center, P.O. Box 613
San Ramon, CA 94583, Yhdysvallat

Kaikki oikeuden pidätetään.
Tätä kirjaa tai sen osaa, kirjan arvostelussa käytettävää lyhyttä katkelmaa lukuun ottamatta, ei saa jäljentää, tallentaa hakujärjestelmään tai lähettää missään muodossa – elektronisesti, mekaanisesti, valokopioimalla, nauhoittamalla tai muulla tavoin ilman julkaisijan lupaa.

Ensimmäinen suomenkielinen painos: huhtikuu 2020

Yhteystiedot Suomessa:
www.amma.fi

Intiassa:
inform@amritapuri.org
www.amritapuri.org

Sisältö

Omistus		6
Esipuhe		7
1. luku	Aito guru	9
2. luku	Rakkaus vai tieto	15
3. luku	Takertumattomuus	21
4. luku	Ykseys Jumalan kanssa	27
5. luku	Lapsenkaltainen viattomuus gurun edessä	35
6. luku	Ystävällisyys vai itsekkyys	43
7. luku	Rauha on syvin olemuksemme	51
8. luku	Ihmiselämän tarkoitus	57
9. luku	Luopumisen tarve	71
10. luku	Vasanat, kielteiset ominaisuudet	77
11. luku	Tarkkailijan asenne	89
12. luku	Jumalan kaipuu	95
13. luku	Lapsenkaltainen, ei lapsellinen	101
14. luku	Työ jumalanpalveluksena	107
15. luku	Mayan voimallisuus	119
16. luku	Jumala on kaiken tekijä	129
17. luku	Herätkää!	137
18. luku	Antautuminen ja takertumattomuus	145
19. luku	Totuudellisuus ja vastuullisuus	159
20. luku	Ihminen, luomakunnan kruunu	165

Omistus

Tervehdys
Sri Mata Amritanandamayi Deville,
Universaalille Äidille,
maailman kärsimysten poistajalle,
hänelle joka saa oppilaitten pimeyden väistymään,
joka ilmentää sydämessä asustavaa
Ikuista Tietoisuutta,
joka loistaa alati tuonpuoleisena,
kaikki maailmat läpäisevänä totuutena.

Esipuhe

Swami Paramatmananda Puri on elänyt vuodesta 1968 maailmasta luopuneen munkin elämää Intiassa. Hän muutti sinne yhdeksäntoista vuoden ikäisenä voidakseen omaksua tämän ikivanhan henkisen kulttuurin opetukset. Hän on ollut onnekas saadessaan kohdata vuosien varrella monia pyhimyksiä ja tietäjiä, joista merkittävin on ollut hänen gurunsa, Mata Amritanandamayin tapaaminen vuonna 1979.

Kun Swami oli tavannut Amman, hän tiedusteli millä tavoin hänen tulisi jatkaa sadhanaansa, henkisiä harjoituksiaan. Silloin Amma vastasi:

"Ole tomua ihmisten jalkojen alla."

Sillä tavoin tämän kirjan nimi Dust of Her Feet syntyi.

Yhtenä vanhimmista opetuslapsista Swamia pyydettiin lopulta palaamaan Yhdysvaltoihin ja johtamaan Amman ensimmäistä ashramia lännessä, Kaliforniassa sijaitsevaa Mata Amritanandamayi-keskusta. Hän palveli keskuksen johtajana vuosina 1990-2001.

Monet keskuksen asukkaat ja vierailijat muistelevat yhä, kuinka Swamin puheet olivat keskuksen parasta antia, kun hän kertoi kokemuksistaan Intiassa, ymmärryksestään Amman opetuksista, pyhistä kirjoituksista ja elämästään henkisellä polulla. Hän on kyennyt yhdistämään tarkkanäköisesti ja huumorilla idän ja lännen henkiset opetukset ja luomaan tilan, jossa hyvin erilaiset ihmiset saattoivat ne ymmärtää.

Vaikka Swami ei olekaan pitänyt julkisia puheita sen jälkeen, kun hän palasi Intiaan vuonna 2001, niistä on jäljellä monia nauhoituksia, joita ei ole vielä julkaistu. Tässä kirjassa julkaisemme osan tuosta aineistosta sekä joitakin artikkeleita, joita hän on kirjoittanut Intiaan paluunsa jälkeen.

Julkaisija
M. A. Center
Toukokuussa 2015

1. luku

Aito guru

Kun tulin Amman luo, olin tyyni ja rauhallinen – tai ainakin kuvittelin olevani. Kuitenkin asetuttuani ashramiin monet kielteiset ajatukset ja tunteet, kuten epäily, viha ja kateus alkoivat nousta mieleni pintakerroksiin. Vaikutti siltä, että Amma loi tilanteita, jotka toivat niin omat kuin muidenkin huonoimmat puolet esiin. Toisaalta oli autuaallista saada paistatella Amman jumalallisessa läheisyydessä, mutta oli myös tuskallista olla niin suuri osa ajasta kiihtyneessä mielentilassa. Halusin usein lähteä ashramista ja muuttaa takaisin rauhalliseen kylään, jossa olin asunut ennen kuin tulin Amman luo. Tunnistin kuitenkin Amman jumalalliseksi olennoksi ja luultavasti ainoaksi elossa olevaksi henkilöksi, joka kykenisi osoittamaan minulle tien tavoittelemaani päämäärään. Hänen vetovoimansa oli kiistämätön, mutta olin etsimässä rauhaa, en kärsimystä.

Rauhallisimpina hetkinäni aloin kuitenkin oivaltaa, että sen, mikä oli syvällä sisimmässäni, oli noustava pintaan. Olin aikaisemmin kenties puhdistanut mieltäni vain pinnalla olevista epäpuhtauksista, mutta Amma ulotti vaikutuksensa mieleni pimeimpiin nurkkauksiin ajaen niissä piilevät aaveet esille. Henkisen elämän kultainen sääntö onkin: kaiken epäpuhtauden on poistuttava ennen kuin voimme nauttia rauhasta ja autuudesta. Meidän on oksennettava menneisyydessä nielemämme myrkky parantuaksemme. Amma ei voi täyttää meitä autuudella, jos mielemme astia on likainen. Kuinka siis voisin puhdistaa mieleni läpikotaisin? Varmastikaan en kykenisi tekemään sitä yksin. Erilaisten tilanteiden on jollakin tavoin nostettava sisällä olevat kielteiset ominaisuudet mielen pintaan, jossa ne voidaan tiedostaa, työstää ja hävittää tietoisesti. Tämä on yksi gurun tehtävistä, nostaa ne tietoisuutemme. Likaisen kattilan pesuun on käytettävä jämäkkää harjaa.

Amma sanookin:

"Guru luo kärsimystä ja vaikeuksia oppilaan polulle. Oppilaan tulee ylittää ne voimallisilla henkisillä harjoituksilla. Henkisyys ei ole mukavuudenhaluisia varten. Ulkoisiin vaikeuksiin verrattuna tiedostamattoman tason vaikeudet ovat vielä suurempia. Gurulle antautuneen ei tarvitse pelätä mitään."

Aidon gurun seurassa opimme, mistä meidän tulee luopua ja mitä meidän tulee kehittää itsessämme sekä mielen, että toiminnan tasolla. Gurun esimerkki innostaa ja opastaa meitä. Meidän ei tule kuitenkaan pysähtyä tähän. Meidän on ymmärrettävä, että guru järjestää elämämme tilanteet edistääkseen henkistä kehitystämme. Luonto tottelee gurua, joka käyttää luontoa apunaan edistääkseen henkistä kehitystämme.

Kaikki, mitä meille tapahtuu, tarjoaa mahdollisuuden kehittyä henkisellä polullamme. Itse-oivallus on ihmiselämän todellinen päämäärä. Kun ymmärtää tämän, on jo puolimatkassa kohti päämäärää. Se ei kuitenkaan ole helppoa, sillä olemme hyvin kiintyneitä ulkoisiin asioihin, kuten syömiseen, seksiin, seurusteluun, rahan ansaitsemiseen ja muuhun sellaiseen. Olemme kuin kaloja, jotka ovat niin keskittyneet syömiseen ja syödyksi tulemiseen, etteivät ne näe merta.

Tarina näkymättömästä opettajasta

Opiskeltuaan vuosikausia henkisyyttä eräs oppilas tunsi, että oli tullut aika ryhtyä etsimään todellista, suoraa kokemusta totuudesta. Hän mietti: "Lähden etsimään sisäistä opettajaani, jonka sanotaan olevan samalla oma sisin itseni".

Lähtiessään kotoaan hän näki *sadhun*, vaeltavan munkin kävelevän pölyisellä tiellä. Oppilas ryhtyi kävelemään sadhun vierellä odottaen tämän sanovan jotakin.

Vihdoin sadhu puhuikin hänelle:

"Kuka olet ja mihin olet menossa?"

"Olen henkinen etsijä ja etsin näkymätöntä opettajaa."

"Hyvä on, kävelkäämme yhtä matkaa."

"Voitko auttaa minua löytämään opettajan?"

"Sanotaan, että näkymätön opettaja on ihmisen sisimmässä. Se, miten oppilas löytää sen, riippuu siitä, miten hän suhtautuu siihen, mitä hän kokee. Ehkäpä minä voin opettaa sinulle jotakin."

Jonkin ajan kuluttua he tulivat puun luokse, joka valitti huojuessaan tuulessa. Sadhu pysähtyi ja sanoi:

"Puu sanoo, että jokin vaivaa sitä. Se pyytää minua pysähtymään ja poistamaan tuon vaivan, jotta sen olisi jälleen hyvä olla."

Mies sanoi:

"Ei minulla ole aikaa tällaiseen. Sitä paitsi, miten voisin puhua puun kanssa?"

Niinpä he jatkoivat matkaa. Kuljettuaan muutaman kilometrin sadhu sanoi:

"Kun olimme puun luona, tunsin hunajan tuoksun. Ehkäpä puun rungossa oli villimehiläisten pesä."

"Jos tuo on totta, menkäämme takaisin puun luo, jotta voimme kerätä hunajan talteen. Voimme syödä sitä ja myydä osan siitä matkamme aikana."

"Kuten haluat", sadhu sanoi.

Kun he palasivat puun luo, he näkivät siellä matkalaisia, jotka keräsivät hunajaa itselleen.

"Mikä onnenpotku!" he sanoivat. "Tässä on tarpeeksi hunajaa kokonaiselle kaupungille. Me köyhät pyhiinvaeltajat voimme nyt ryhtyä kauppiaiksi. Tulevaisuutemme on turvattu."

Kuullessaan tämän sadhu ja hänen ystävänsä lähtivät. He tulivat myöhemmin vuoren luo, jonka kupeesta kuului outoa ääntä. Sadhu painoi korvansa maata vasten ja sanoi: "Miljoonat muurahaiset rakentavat allamme yhdyskuntaa. Tuo hyminä on heidän tapansa pyytää apua. Muurahaisten kielellä ilmaistuna se tarkoittaa: 'Auta meitä, auta meitä! Kaivaessamme olemme kohdanneet kiviä, jotka estävät etenemisemme. Auta meitä siirtämällä ne syrjään.' Pitäisikö meidän pysähtyä auttamaan, vain haluatko, että jatkamme matkaa?"

"Veljeni, muurahaiset ja kivet eivät kuulu meille. Minä olen etsimässä opettajaani."

"Sopii, veljeni" sadhu sanoi. "Vaikka sanotaankin, että kaikki asiat ovat yhteydessä toisiinsa, ja tämä saattaa liittyä jollakin tavoin meihin."

Nuori mies ei kuitenkaan välittänyt vanhemman toverinsa asenteesta, joten he jatkoivat matkaansa. He pysähtyivät yöksi, jolloin nuorukainen huomasi hukanneensa veitsensä:

"Minun on täytynyt pudottaa se muurahaisyhdyskunnan lähelle."

Niinpä he joutuivat palaamaan seuraavana aamuna takaisin muurahaisten luokse. He eivät kuitenkaan löytäneet veistä. Sen sijaan he näkivät ryhmän ihmisiä, jotka olivat yltä päältä mudassa. Heidän vierellään oli runsaasti kultakolikoita.

"Nämä kolikot oli kätketty tänne ja saimme kaivettua ne ylös. Kuljimme tietä pitkin, kun vanha pyhä mies kehotti meitä kaivamaan tästä. Hän sanoi, että löytäisimme jotakin, jota toiset pitävät kivinä ja toiset kultana."

Nuori mies kirosi heidän huonoa onneaan.

"Voi, sadhu! Jos olisimme pysähtyneet eilen illalla, meistä olisi tullut rikkaita."

Silloin ihmiset sanoivat nuorelle miehelle:

"Sinun seurassasi oleva sadhu muistuttaa miestä, jonka näimme illalla."

"Kaikki sadhut ovat samannäköisiä", vaeltava munkki sanoi.

Miehet jatkoivat matkaansa. Joitakin päiviä myöhemmin he saapuivat kauniin joen rannalle. Sadhu pysähtyi. Kun he istuivat odottamassa lauttaa, eräs kala nousi usean kerran veden pintaan ja liikutti suutaan, jolloin sadhu sanoi:

"Tuo kala haluaa sanoa: 'Olen nielaissut kiven. Pyydystä minut ja syötä minulle yrttiä, joka saa kiven poistumaan kehostani. Auttakaa minua, hyvät matkamiehet!'"

Samassa saapui lautta ja nuori mies työnsi kärsimättömänä sadhun siihen, jotta he voisivat jatkaa matkaa. Venemies oli kiitollinen heiltä saamistaan lanteista. Sen jälkeen he menivät nukkumaan joen toisella puolella olevaan majataloon, jonka eräs hyväntekijä oli rakentanut sinne matkaajia varten.

Aamulla, kun he istuivat juomassa teetä, lautturi ilmestyi heidän luokseen.

"Viime yö oli elämäni onnekkain! Te pyhiinvaeltajat olette tuoneet elämääni hyvän onnen."

Hän otti sadhun kädet omiinsa saadakseen näin hänen siunauksensa.

" Poikani olet sen ansainnut,", sadhu sanoi.

Lautturi kertoi olevansa nyt rikas ja selitti, mitä hänelle oli tapahtunut. Hän oli ollut menossa kotiin tavalliseen tapaansa, ja nähtyään heidät joen toisella puolella hän oli päättänyt tehdä vielä yhden matkan saadakseen osakseen köyhien matkamiesten siunauksen. Kun hän oli ollut kiinnittämässä venettään, hän oli nähnyt rannalle hypähtäneen kalan, joka yritti näykkiä erästä yrttiä. Lautturi oli laittanut yrtin sen suuhun, jolloin kala oli oksentanut kiven ja pyristellyt sen jälkeen takaisin veteen. Kivi oli ollut suurikokoinen timantti, kirkkaana hohtava ja korvaamattoman arvokas.

"Olet suoranainen paholainen!" raivostunut nuorukainen huusi sadhulle. "Tiesit jonkun näkymättömän voiman vaikutuksesta noista kaikista kolmesta aarteesta, etkä siltikään kertonut niistä minulle. Onko tämä todellista ystävyyttä? Elämässäni on jo aiemmin ollut tarpeeksi huonoa onnea, mutta ilman sinua en olisi tiennyt mitään puuhun, muurahaiskekoon ja kalaan kätketyistä mahdollisuuksista!"

Samassa hän tunsi voimakkaan tuulen puhaltavan sielunsa lävitse. Hän ymmärsi nyt, että asia oli päinvastoin kuin hän oli ajatellut. Sadhu kosketti hymyillen hänen olkapäätään sanoen:

"Veljeni, nyt ymmärrät, että voit oppia kokemuksistasi. Minä olen näkymättömän opettajasi välikäsi."

Siitä päivästä lähtien etsijä tunnettiin nimellä 'Hän, joka on ymmärtänyt'.

2. luku

Rakkaus vai tieto

Elämme teknologian aikakautta. Elämä oli ennen yksinkertaista ja on sitä yhä joissakin paikoissa. Ihmiset elivät vaatimatonta elämää ilman sähköä. He saivat tarpeeksi liikuntaa tekemällä päivittäisiä askareitaan. He elivät lähellä luontoa ja tunsivat luonnon rytmin. He uskoivat Jumalan olemassaoloon ja luottivat Häneen. Heidän nautintonsa olivat yksinkertaisia ja viattomia, ja heidän mielensä olivat jalostuneet nöyryydellä, kärsivällisyydellä ja uhrautuvaisuudella.

Sitten sähkö ja teknologia keksittiin – ja katsokaamme nykyistä elämänmenoa. Ihmiset ovat ylpeitä, ja siellä, missä on ylpeyttä, on vihaa ja kärsimättömyyttä. Ihmiset ovat levottomia, he haluavat koko ajan jotakin uutta. TV, internet ja muut huvitukset vievät heidän vapaa-aikansa. Itsekäs sydämettömyys ja julmuus vaikuttavat lisääntyvän, eikä kukaan kykene taltuttamaan väkivallan aaltoa. Meitä pommitetaan lapsuudesta saakka väärillä ihanteilla: väkivallalla, vihalla, vallalla, asemalla ja hillittömällä seksillä.

Ei teknologia itsessään ole paha asia, mutta sitä ei tulisi käyttää vain tehokkuuden, mukavuuden ja nautinnon lisäämiseen vaan ennen kaikkea korkeampien ihanteiden edistämiseen. Ajattelepa, miltä tuntuu, kun on nähnyt mieltä ylentävän elokuvan. Sen vaikutus saattaa kestää tuntikausia, jopa päiviä. Innostava kirja, jonka olemme saaneet käsiimme painotekniikan kehityksen myötä, saattaa muuttaa elämämme. Siitä huolimatta teknologia on enimmäkseen vähentänyt ihmisten hyviä ominaisuuksia ja tehnyt meistä liian älyllisiä. Turvaudumme kaikessa älyyn.

Meidän on tiedettävä kaikesta, mitä ja miksi. Uskomme horjuu tai jopa katoaa, jos emme saa kuulla älyä tyydyttäviä vastauksia. Aineellisessa mielessä olemme saavuttaneet paljon, mutta henkisesti olemme menettäneet sitäkin enemmän. Voidaksemme kokea täyttymyksen tunnetta, meidän tulee kokea onnellisuutta sydämessämme, ei päässämme. Ei riitä, että tiedämme herkullisten ruokalajien olemassaolosta, vaan meidän on syötävä niitä tietääksemme mistä on kysymys.

Amma sanoo:

"Älyä pidetään nykyisin sydäntä tärkeämpänä. Tämä ei ole kovin hyvä kehityssuunta. Vain kehittämällä viatonta ja avaraa sydäntä voimme saavuttaa Jumalan valtakunnan. Emme voi kuitenkaan sanoa, etteikö älyllä olisi oma merkityksensä itsetuntemuksessa. Tarvitsemme sekä sydäntä että älyä. Molemmilla on kehityksemme kannalta oma tärkeä tehtävänsä. Älyn avulla opimme erottamaan oikean väärästä, todellisen epätodellisesta, ikuisen väliaikaisesta. Mutta älyllä on samalla puutteensa. Älyä voi verrata saksiin, joilla voimme leikata kangasta, erottaa asiat toisistaan. Äly ei kuitenkaan kykene avartumaan ja sulkemaan sisäänsä kaikkea. Sydäntä taas voi verrata neulaan. Sen tehtävä on ommella ja liittää asiat yhteen. Sydän hyväksyy ja yhdistää jopa kaikkein epäsopivimmatkin asiat yhteen. Se saa meidät näkemään hyvää kaikessa ja omaksumaan sen, mikä on hyvää. Tarvitsemme sekä sydäntä että älyä voidaksemme elää sopusointuisesti ja saavuttaa ikuisen päämäärän, Jumalan. Leikattuamme saksilla kankaan oikeankokoisiin osiin, käytämme neulaa ommellaksemme ne yhteen paidaksi tai mekoksi."

"Rukoilkaamme, että meissä voisi kehittyä sydän, joka iloitsee toisten onnesta ja kykenee jakamaan heidän surunsa. Todellisia Jumalan lapsia ovat ne, jotka kykenevät kokemaan toisten ilot ja surut ominaan."

Tällaisella älyllisellä mielenlaadulla aloitamme henkisen elämän ja tulemme Amman luo. Katsoessamme Ammaa näemme, minkälainen on kukoistukseen puhjennut sydän, ja silloin ymmärrämme oman kehittymättömyytemme. Koska älymme on tottunut toimimaan tietyllä tavalla, arvostelemme ja tuomitsemme ja yritämme arvioida ja ymmärtää Ammaa, sen sijaan että nauttisimme hänen läsnäolostaan. Vain siten kykenemme todella hyötymään hänen läheisyydestään.

Tieto vai rakkaus Jumalaa kohtaan

Olipa kerran kirjanoppinut, joka tunsi kaikki pyhät kirjoitukset. Ne eivät kuitenkaan kyenneet tyydyttämään hänen mieltään, sillä hän halusi todella tuntea ja kokea Jumalan. Koska kirjoituksista ei ollut hänelle riittävästi apua, hän päätti mennä yksinäiseen paikkaan, kauas ihmisasumuksista. Hän rakensi itselleen erakkomajan omistaakseen aikansa Jumalan oivaltamiselle.

Erakko, jonka mielihalut olivat vähäiset, käytti päivänsä ja yönsä toteuttaakseen tämän sydämensä ainoan mielihalun. Päivät ja kuukaudet kuluivat, mutta hän ei kuitenkaan saanut kokemusta Jumalasta.

Vaikka vuodet vierivät, peräänantamaton erakko koki silti olevansa yhtä tietämätön kuin ennenkin. Nuoruus oli jo jäänyt taakse, ja harmaita hiuksia oli alkanut ilmestyä hänen ruskeitten suortuviensa sekaan. Silti hänen ongelmansa oli yhä vailla ratkaisua.

Eräänä päivänä hän käveli rannalla mietteliäänä ja masentuneena. Hän ajatteli hyödytöntä kilvoitteluaan miettien, pitäisikö hänen luopua leikistä. Hän katsoi eteenpäin ja näki vähän matkan päässä pienen pojan, joka puuhasteli jotakin veden rajassa. Hän ajatteli, että se oli kalastajan poika, jonka isä oli jättänyt rannalle lähdettyään merelle kalaan. Hän meni tiedustelemaan asiaa pojalta, koska ei voinut käsittää, miksi isä oli tuonut niin pienen pojan rannalle ja jättänyt tämän sitten yksin.

Lapsi ei kiinnittänyt huomiota häneen, sillä hänellä oli täysi työ heittää merestä vettä rannalle pienillä kämmenillään. Miehen nähdessä, mitä poika oli tekemässä, hänen uteliaisuutensa heräsi. Hän kysyi pojalta, miksi tämä heitti vettä rannalle ja missä hänen isänsä oli, mutta pojalla ei ollut aikaa vastata hänelle. Tuo pieni ihmisenalku oli niin keskittynyt hyödyttömältä näyttävään tekemiseensä. Lopulta lapsi kyllästyi häiritsijäänsä ja vastasi miehelle:

"Hyvä herra, ei minulla ole aikaa jutella kanssasi. Etkö näe, että minun on heitettävä kaikki vesi merestä, jotta se kuivuisi?"

Mies sanoi:

"Oletko hullu? Kuinka sinä, pieni olento, voisit tyhjentää kokonaisen meren, kun edes kaikki maailman ihmiset eivät yhdessä kykenisi siihen?"

Lapsi vastasi:

"Miksi en voisi kuivattaa tätä mittaamatonta valtamerta ja nähdä sen syvyyksiin, jos kerran sinäkin voit oppia tuntemaan Jumalan äärettömyyden?"

Tämän sanottuaan lapsi katosi eikä häntä sen koommin näkynyt. Hänen suloiset sanansa olivat kuitenkin löytäneet tiensä kirjanoppineen sydämeen, mistä ne kaikuivat alati hänen korviinsa ja täyttivät hänet uskomattomalla ilolla. Siitä päivästä lähtien hän luopui hyödyttömästä pyrkimyksestään ja sen sijaan, että olisi yrittänyt tuntea Jumalan, hän vain rakasti Jumalaa.

3. luku

Takertumattomuus

Amman kirjoja lukenut on varmaankin huomannut, että Amma puhuu paljon takertumattomuudesta. Meistä saattaa jopa tuntua siltä, että Amma haluaa kaikkien ryhtyvän *brahmachareiksi*, selibaatissa eläviksi oppilaiksi tai *sanjaaseiksi*, munkeiksi tai nunniksi. Näin ei kuitenkaan ole. Hän haluaa, että opettelemme pysymään rauhallisina ja tyyninä kaikissa tilanteissa, joita kohtalo eteemme tuo. Useimmille meistä pienikin ongelma kotona tai työpaikalla riittää saamaan meidät suunniltamme huolesta tai raivosta. Ehkä kuvittelemme, että sellainen on normaalia, sillä kaikkihan käyttäytyvät niin.

Amma sanoo kuitenkin, että meidän ei pitäisi tulla levottomiksi tai epätoivoisiksi tilanteiden muuttuessa, tai kun asiat eivät suju niin kuin olemme toivoneet, tai kun ihmiset eivät käyttäydy toiveittemme mukaisesti. Amma painottaa, että meidän onnellisuutemme ei tulisi olla niin riippuvainen ulkoisista asioista ja muista ihmisistä. Jokaisen elävän olennon mielen syvyyksissä on aivan erityislaatuinen, tiedostamaton onnen lähde. Se on kuin maitoon kätkeytyvä voi tai aarre, jonka löytämisen eteen on tehtävä töitä. Jos onnistumme siinä, mikään ei voi enää viedä meiltä tuota aarretta, ei sairaus eikä edes kuolema. Tällainen pysyvä sisäisen rauhan tila on henkisen polun todellinen hedelmä.

Eräs typerä kuningas valitti, että kova maanpinta satutti hänen jalkojaan. Niinpä hän määräsi maan päällystettäväksi lehmännahalla. Hovinarri nauroi kuultuaan kuninkaan käskyn.

"Tuohan on typerä ajatus, teidän Majesteettinne", hän sanoi. "Miksi tuhlata tarpeettomasti nahkaa? Leikatkaa kaksi palasta lehmännahasta suojaamaan jalkanne!"

Valaistunut olento ymmärtää, että jos haluamme tehdä maailmasta kärsimyksestä vapaan paikan, meidän on muutettava oma sydämemme, ei maailmaa.

Muinaisessa Intiassa eli prinssi nimeltä Sri Rama. Hänen elämäntarinaansa kutsutaan *Ramayanaksi*. Tarinan arvo on iätön kenelle hyvänsä, joka pyrkii kohti pysyvää onnea ja mielenrauhaa. Rama oli isänsä – kuninkaan ja alaistensa suuressa suosionsa. Kun kuningas päätti tehdä hänestä kruununperillisen, Rama hymyili lempeästi. Kruunajaisseremoniaa edeltävänä iltana kuninkaan vaimo, Raman äitipuoli, kuitenkin vaati, että kuningas tekisi hänen omasta pojastaan kruununperillisen, ja että hänen tulisi karkottaa Rama metsään neljäksitoista vuodeksi. Raskain sydämin kuningas kertoi tästä Ramalle seuraavana aamuna, hänen kruunajaispäivänään. Onnellisena ja hymyillen Rama lähti metsään sanoen olevansa iloinen siitä, että saisi viettää niin paljon aikaa luonnon helmassa ja metsän pyhimysten seurassa heidän ashrameissaan. Hän ei ollut suunniltaan onnesta, mutta ei myöskään poissa tolaltaan surun ja kärsimyksen takia. Hänen mielensä oli vakaa ja rauhallinen.

Ajatellaanpa Amman elämää. Hän on kohdannut paljon vaikeuksia ja vastoinkäymisiä. Hän ei ole koskaan paennut edes kaikkein haastavimpia tilanteita ja velvollisuuksia. Hän on todellakin kaikkien guru. Hän tietää oman kokemuksensa kautta, mitä kärsimys on.

Tänä päivänä Ammalla ei ole enää tällaisia vaikeuksia. Hän on tunnettu ja arvostettu Intiassa. Hänellä on kuitenkin lukematon määrä erilaisia velvollisuuksia. Hän johtaa orpokoteja, sairaaloita, kouluja, tietotekniikan oppilaitoksia, yliopistoja, ashrameita ja temppeleitä. Hänellä on myös satoja tuhansia seuraajia ympäri maailmaa. He kaikki hakevat häneltä johdatusta ja turvaa. Kaikesta huolimatta Amma säteilee kaiken aikaa rauhaa, joka on pysyvää ja muuttumatonta, huolimatta siitä, mitä hänen ympärillään tapahtuu.

Kuinka Amma oikein pystyy tekemään kaiken tämän hermostumatta? Siksi, että hän ei koe omistavansa mitään. Hänen mielestään kaikki kuuluu Jumalalle. Kyse ei ole välinpitämättömyydestä vaan takertumattomuudesta. Amma tekee sen, mitä Jumala on uskonut hänen haltuunsa niin täydellisesti kuin vain mahdollista. Hän kokee olevansa Jumalan työkalu ja näkee kaiken Hänen tahtonsa ilmauksena.

Me voimme olla vain työkaluja Hänen käsissään.

Takertumattomuus ja tunteiden tasapaino

Muinaisessa Intiassa oli kaupunki nimeltä Ayodhya. Siellä eli kerjäläinen, joka asui tien varrella olevassa juuttisäkeistä tehdyssä majassa. Hän elätti itsensä kulkemalla kaupasta toiseen lantteja kerjäten. Hän kantoi mukanaan vanhaa, ruosteista kasviöljykanisteria, jonka oli löytänyt jätekasasta. Jotkut kauppiaista tunsivat myötätuntoa häntä kohtaan ja antoivat hänelle lantin, kun hän tuli heidän luokseen. He kutsuivat häntä öljykanisterikerjäläiseksi. Hän antoi heille siunauksensa ja oli onnellinen saadessaan sen verran lantteja, että kykeni ostamaan ruokaa. Toiset taas eivät pitäneet hänestä lainkaan vaan huusivat hänelle ja ajoivat hänet tiehensä. Tällöin hän oli onneton ja kirosi ne, jotka torjuivat hänet. Näin hänen elämänsä oli jatkuvaa myötä- ja vastoinkäymisten vuoristorataa.

Eräänä päivänä, kun hän oli jälleen kerjäämässä, auto pysähtyi hänen vierelleen, ja neljä miestä astui siitä kadulle. He menivät kerjäläisen luo, joka säikähti ja yritti juosta karkuun. Miehet ajoivat häntä takaa, kunnes saivat hänet kiinni. Kerjäläinen rukoili, että hänet päästettäisiin menemään, sillä eihän hän ollut varastanut mitään tai vahingoittanut ketään. Miehet eivät kuitenkaan välittäneet hänen puheistaan, vaan työnsivät hänet autoonsa. Kerjäläinen ei tiennyt, keitä miehet olivat, tai mitä he halusivat. Hän tunsi kuitenkin itsensä siinä mielessä onnekkaaksi, että häntä ei sentään pahoinpidelty, joten hän pysytteli hiljaa. Lopulta miehet saapuivat palatsin pihaan ja nousivat autosta. Kerjäläinen vietiin yhteen palatsin huoneista, missä he ottivat häneltä ruosteisen kannun ja repaleiset vaatteet, kylvettivät hänet tuoksuvassa vedessä ja pukivat hänet kuninkaallisiin vaatteisiin. Sitten he veivät hänet juhlasaliin ja tarjosivat hänelle herkullisen juhla-aterian, jonka veroista hän ei ollut saanut koko elämänsä aikana. Poistuessaan salista kerjäläinen muisti öljykanisterinsa, mutta kun hän yritti mennä hankemaan sitä kylpyhuoneesta, jonne se oli jätetty, palvelijat asettuivat hänen tielleen. Hän tiuskaisi heille ärtyneenä:

"Näettehän, että olette ottaneet minun ainoan omaisuuteni! Arvostan toki hienoa ateriaa ja hyviä vaatteita, jotka annoitte minulle, mutta nyt haluaisin mennä. Voitteko palauttaa rääsyni ja öljykanisterin heti paikalla, että pääsen lähtemään?"

Palvelijat vastasivat hänelle:

"Hyvä mies, sinua odottaa yllätys. Onnenpäiväsi ovat alkaneet. Jos maltat odottaa hetkisen, ymmärrät, miksi kohtelemme sinua näin."

He johdattivat hänet nyt kuninkaan valtaistuinsaliin, missä kaikki nousivat seisomaan ja kumarsivat hänelle. Kerjäläinen oli ällistynyt ja ajatteli näkevänsä unta.

"Hyvät herrat, en ymmärrä, miksi kumarratte minua? Tämä tällainen tekee minut hulluksi." Pääministeri vastasi:

"Teidän majesteettinne, te olette kruununperillinen. Kunnioittakaa meitä istuutumalla valtaistuimelle."

Kerjäläinen vastasi:

"Olette erehtyneet. Minä olen kerjäläinen. Nämä ihmiset toivat minut tänne väkisin. En ole kuninkaanne. Antakaa minun palata takaisin omaan majaani."

Silloin ministerit vastasivat hänelle sanoen:

"Teidän korkeutenne, ette tunne omia sukujuurianne, olette todellinen kruununperillinen. Kun kuninkaamme kuoli lapsettomana, yritimme löytää perillistä kuninkaallisesta perheestä. Perusteellisten tutkimusten jälkeen selvisi, että erään kerran kulkiessaan metsän poikki, kuninkaan kaukainen sukulainen, hänen vaimonsa ja ainut lapsensa joutuivat rosvojen kynsiin. Hänet ja hänen vaimonsa tapettiin, mutta lapsi säästettiin ja jätettiin oman onnensa nojaan. Lapsella oli luomi vasemmassa korvassa ja arpi oikeassa jalassa. Parin päivän kuluttua kuningas oli kuullut murhatyöstä ja järjesti mittavan etsinnän lapsen löytämiseksi, mutta turhaan. Kun kuningas kuoli, aloimme jälleen etsiä kruununperillistä. Kaikki jäljet johtivat sinuun. Hyvä onni on tuonut kuningassuvun ainoan elossa olevan jäsenen nyt luoksemme. Näin ollen, hyväksy tarjouksemme ja hallitse tätä maata oikeudenmukaisesti."

Vuodet kuluivat ja kuningas oli onnellinen hallitessaan kuningaskuntaansa. Eräänä päivänä palatsissa kuljeskellessaan hän havaitsi lukitun kaapin, joka oli jäänyt häneltä huomaamatta. Hän pyysi avainta ja avasi sen. Mitä hän näkikään: vanhat ryysynsä ja öljykanisterinsa! Hän sai hauskan ajatuksen. Hän lukitsi kaapin ja piti avaimen itsellään. Seuraavana päivänä hän otti kanisterin ja vanhat vaatteet ja laittoi ne matkalaukkuun. Sitten hän pyysi autonkuljettajaa tuomaan hänelle auton ja antoi tälle vapaapäivän. Kuningas nousi autoon matkalaukun kanssa ja ajoi kaupunkiin, jossa hän tapasi kerjätä. Hän pysähtyi kaupungin laidalle, nousi autosta ja vaihtoi ryysyt päälleen.

Kävellen kaupungin katuja kanisteri kädessään kerjäläiseksi tekeytynyt kuningas teki vanhan kierroksensa. Jotkut tunnistivat hänet samaksi kerjäläiseksi ja antoivat hänelle joitakin lantteja, toiset taas ajoivat hänet tiehensä. Hän ei kuitenkaan tuntenut iloa eikä surua kummastakaan. Hän tiesi todellisuudessa olevansa maan kuningas. Päivän kerjättyään hän palasi palatsiin ja ryhtyi jälleen hoitamaan tehtäviään kuninkaana.

Täydellisyyden saavuttanut ihminen on samankaltaisessa tilanteessa. Hän on voittanut oman mielensä ja elää täydellisen tasapainoista elämää. Hän tietää olevansa ääretön autuus, eivätkä aineellisen elämän ilot ja surut kosketa häntä. Hänelle ne ovat vain kuin aaltojen väreitä todellisen Itsen tyynen valtameren pinnalla. Hän on käyttänyt jokaisen tilaisuuden hyödykseen voidakseen vakiintua tuohon tilaan. Tähän päämäärään Amma haluaa opastaa meidät ja hän itse on täydellinen esimerkki siitä, mitä hän opettaa.

4. luku

Ykseys Jumalan kanssa

Kymmenet tuhannet eri-ikäiset, eri elämänaloja edustavat ihmiset tulevat joka puolelta maailmaa tapaamaan Ammaa. Vaikka ihmisillä on erilaisia haluja, toiveita ja pelkoja, Amma tarjoaa heille kaikille samaa lääkettä: "Tavoitelkaa pysyvää onnea!". Hänen läheisyytensä ja kosketuksensa antaa meille kaikille pienen häivähdyksen autuudesta, josta hän puhuu.

Amma täyttää useimmat toiveemme, jos hän näkee, että ne ovat meille jatkossakin hyväksi. Lopulta hän kuitenkin haluaa, että nousemme halujemme yläpuolelle ja päästämme irti peloistamme voidaksemme saavuttaa *samadhin* autuaallisen tilan. Amma tietää, että meistä jokainen, kuka tahansa, voi saavuttaa tuon olemassaolon hienovireisimmän tilan. Hän ei estä ketään tavoittelemasta maallisia asioita, mutta sanoo, että lopulta ainoastaan *samadhi* voi täyttää sielumme kaipauksen. Meistä saattaa tuntua siltä, että tuollaisen tilan saavuttaminen on meille silkka mahdottomuus. Tyydymme ihmisenä olemiseen. Tyydymme siihen, että meillä on muutamia nautinnonlähteitä, eikä liikaa huolia. Amma kuitenkin sanoo, että vaikka emme tiedostakaan sitä juuri nyt, olemme yhtä Jumalan, autuuden valtameren kanssa. Hänen elämäntehtävänään on herättää meidät oivaltamaan tämä totuus, vaikka siihen menisi kuinka kauan.

Amma näkee meissä kaikissa jumaluuden, samalla tavoin kuin kuvanveistäjä näkee kivessä kauniin patsaan.

Laulussa nimeltä *Ananda Veethi* kuvataan Jumalallisen Äidin Ammalle antamaa tehtävää:

"Eräänä päivänä kauan sitten sieluni tanssi onnesta autuuden polulla. Kaikki sisäiset viholliset, kuten mieltymykset ja vastenmielisyydet, poistuivat ja piiloutuivat mieleni sisäisiin kammioihin.

Unohtaen itseni sulauduin sisältäni kohoavaan kultaiseen uneen. Ylevät tavoitteet näyttäytyivät minulle selkeinä.

Maailmankaikkeuden Jumalallinen Äiti silitti päätäni hellin, hohtavin käsin. Seisoin kumartuneena, kunniaa osoittaen, ja kerroin Jumalalliselle Äidille, että elämäni kuuluu hänelle.

Tänään vapisen autuudesta muistellessani, mitä Äiti sanoi minulle silloin. Oi puhdas tietoisuus, totuuden ruumiillistuma, noudatan ohjeitasi!

Hymyillen hän sulautui minuun jumalallisena valona. Miljoonien vuosien tapahtumat nousivat mieleeni.

Äiti pyysi, että kehottaisin ihmisiä täyttämään ihmiselämän todellisen tarkoituksen. Mieleni kukoisti ja ui eri värein hohtavassa jumalallisessa valossa.

Siitä päivästä lähtien en ole nähnyt enää mitään erillisenä sisäisestä Itsestäni. Kaikki oli yhtä. Jumalalliseen Äitiin sulautuen luovuin kaikista nautinnoista.

"Ihminen, sulaudu Itseesi!" Tämän totuuden, jonka sain kuulla Äidiltä, haluan nyt julistaa maailmalle. Antakoon se turvaa ja lohtua niille, joita lukemattomien kärsimysten taakka painaa.

Tuhannet ja taas tuhannet joogit ovat syntyneet Bharatan maalle (Intiaan) ja eläneet muinaisten tietäjien oivaltamien periaatteiden mukaan. On olemassa syvällisiä totuuksia, jotka voivat poistaa kaikki ihmiskunnan kärsimykset. Rakkaat lapseni, jättäen kaiken muun, tulkaa luokseni, olette alati minun."

Vaikka Amman julistama päämäärä vaikuttaakin olevan ulottumattomissamme, yrittäkäämme silti häneen luottaen kulkea elämän pyhiinvaelluksen tietä takaisin jumalalliseen olotilaan. Usko tekee sen mahdolliseksi, paremmin kuin mikään muu.

Toukka ja perhonen

"Haluan palkata sinut hoitamaan lapsiraukkojani", perhonen sanoi toukalle, joka mateli kaalinlehdellä. "Näethän nämä pienet munat", perhonen jatkoi. "En tiedä lainkaan, kuinka kauan kestää, ennen kuin toukat kuoriutuvat, ja minä tunnen itseni kovin sairaaksi. Jos kuolen, kuka pitää huolen pienistä perhosistani? Voisitko sinä lempeä, vihreä toukka tehdä sen? He eivät tietenkään voi elää sinun ruokavalioillasi. Sinun on annettava heille aamukastetta ja kukkien mettä ja sallittava heidän lentää alkuun vain vähän kerrallaan. Voi, voi! Sääli, ettet voi itse lentää. En voi käsittää, mikä sai minut munimaan kaalinlehdelle. Millainen paikka tämä onkaan pienten perhosten syntyä! Ota tätä kultapölyä siivistäni palkkioksi. Voi, miten minua huimaa! Toukka! Muistathan, mitä sanoin ravinnosta..."

Kun perhonen oli sanonut nämä sanat, sen siivet tulivat voimattomiksi, ja se kuoli. Vihreä toukka, jolla ei ollut edes tilaisuutta vastata pyyntöön, jäi seisomaan perhosen munien vierelle. "Valitsipa hän hyvän hoitajan, naisparka!" se ajatteli. "Onpa tässä minulle tehtävää kerrakseen! Miksi hän oikein valitsi minun kaltaiseni matelevan olennon kasvattamaan hennot pienokaisensa?

Olen aivan varma, että ne häpeävät minua ja lentävät pois heti, kun ovat saaneet siivet selkäänsä."

Perhonen oli kuitenkin kuollut, ja sen munat olivat kaalinlehdellä. Vihreällä toukalla oli hyvä sydän, joten se päätti tehdä parhaansa. "Kaksi päätä ajattelee paremmin kuin yksi. Pyydän neuvoa joltakin viisaalta eläimeltä." Pitkän aikaa mietittyään se päätti kysyä neuvoa kiurulta, joka lentää niin korkealle, ettei kukaan tiedä, minne se menee. Se olisi varmasti hyvin nokkela ja tietäisi paljon.

Läheisellä maissipellolla eli kiuru. Toukka lähetti sille viestin pyytäen saada tavata sen. Kun kiuru tuli, toukka kertoi sille ongelmansa ja kysyi, miten ruokkia ja kasvattaa pienet perhoset.

"Ehkä voit kysyä ja saada jotakin selville, kun lennät yläilmoihin", toukka sanoi arasti.

"Ehkäpä", kiuru vastasi ja katosi lauleskellen taivaan kirkkaaseen sineen, kunnes toukka ei enää kuullut eikä nähnyt sitä. Se kuljeskeli perhosen munien ympärillä, haukaten madellessaan kaalinlehdestä palasen sieltä, toisen täältä.

Viimein kuului leivon laulua. Toukka hypähti ilosta. Ennen pitkää kiuru näki ystävänsä nousevan kaalipenkistä ja visersi sille:

"Uutisia, uutisia ystävälleni toukalle! Et ehkä usko minua! Kerron sinulle aluksi, mitä noiden pikku olentojen tulee syödä. Mitäpä luulisit? Arvaa!"

Toukka huokaisi:

"Pahoin pelkään, että kukkien mettä ja kastetta."

"Ei suinkaan, ystäväiseni", kiuru visersi. "Sinun on ruokittava niitä kaalinlehdillä!"

"Ei ikinä!" sanoi toukka närkästyneenä. "Niiden äidin viimeinen toive oli, että syöttäisin niille mettä ja kastetta."

"Niiden äiti ei tiennyt asiasta mitään, mutta miksi kysyt minulta, jos et kerran usko mitä sanon? Sinulta puuttuu uskoa ja luottamusta. Mitä luulet noista pienistä munista tulevan?"

"Perhosia, totta kai."
"Kaalimatoja!" kiuru lauloi. "Saat sen aikanaan selville."
Sitten kiuru lensi pois.
"Luulin, että kiuru olisi kiltti ja viisas, mutta nyt huomaan, että se on hölmö ja nenäkäs", ajatteli toukka. Kiruru laskeutui hetken päästä jälleen ja sanoi:
"Kerronpa sinulle muutakin. Eräänä päivänä myös sinusta tulee perhonen!"
"Kirottu lintu", toukka tuhahti. "Pidät minua pilkkanasi. Sen lisäksi, että olet ääliö, olet myös julma! Mene pois! En pyydä sinulta enää neuvoa."
"Sanoinhan, ettet uskoisi minua", kiuru sähähti.
"Uskon kaiken, mikä on mahdollisuuksien rajoissa, mutta en sitä, kun sanot minulle, että perhosen munista tulee toukkia ja että toukat matelevat ensin, saavat sitten siivet, ja lopulta niistä tulee perhosia! Kiuru, et varmaan itsekään usko tuollaista soopaa! Tiedät, että se on mahdottomuus! Katso minun pitkää, vihreää vartaloani ja kaikkia näitä jalkojani! Puhut minulle vielä siivistä! Olet idiootti!"
"Voi toukka parka!" kiuru visersi tohkeissaan. "Meidän on uskottava siihen, mitä ylhäältä sanotaan."
"Mitä tarkoitat tuolla?" toukka kysyi.
"Uskoa," kiuru vastasi.
"Kuinka voin oppia uskomaan?" toukka uteli.
Samassa se tunsi jotakin tapahtuvan lähellään. Hän katsoi vierelleen ja näki kahdeksan tai kymmenen pientä toukkaa, jotka olivat jo tehneet reikiä kaalinlehteen. Ne olivat kuoriutuneet perhosen munista! Toukka oli sekä häpeissään että hämmentynyt, mutta samalla iloinen. Ensimmäinen ihme oli tapahtunut – ehkäpä sitä seuraisi vielä toinenkin. Näin se oli saanut kiurulta opetuksen uskon merkityksestä. Ryömiessään omaan koteloonsa se sanoi itsekseen:

"Minusta tulee jonakin päivänä perhonen!"
Sen tuttavapiiri kuitenkin piti sitä hulluna sanoen:
"Toukka parka!"
Bhagavad-Gitassa sanotaan:

"Jokaisen ihmisen usko heijastelee hänen sisäsyntyistä olemustaan. Hänen taipumuksensa nousevat hänen olemuksensa rakenteesta; millainen on hänen uskonsa, sellainen hän on."

Bhgavad-Gita XVII:3

"Se, joka on täynnä uskoa, omistautunut ja hallitsee aistinsa, saavuttaa viisauden. Saavutettuaan viisauden hän saavuttaa korkeimman rauhan."

Bhagavad-Gita IV:39

Mitä sitten saamme kokea, kun omat ponnistuksemme ja Amman armo kantavat hedelmää? Kuuntele totuuden oivaltaneen *mahatman*, suuren sielun, sanoja:

"En ole ihminen, enkä jumala, en *brahmachari*, perheellinen, enkä *sanjaasi*: olen puhdas tietoisuus.

Niin kuin aurinko, joka saa maapallon kiertämään itseään, niin myös minä – kaikkialla läsnä oleva, tietoinen Itse – saan mielen ja aistit toimimaan.

Auringon valo saa silmät näkemään. Mutta aurinko saa voimansa sisälläni olevasta Itsestä.

Kun auringon valo väreilee aaltojen pinnalla, se särkyy moniksi säteiksi, mutta tyynestä vedenpinnasta aurinko heijastuu ehyenä. Samalla tavoin Minua, tietoista Itseä, ei voi tunnistaa levottomassa mielessä. Tyynessä mielessä sen sijaan Minä loistaa kirkkaana.

Niin kuin kristalli saa värinsä taustastaan muuttumatta itse, ja niin kuin muuttumaton kuu näyttää liikkuvan veden pinnassa, samalla tavoin Minä olen kaikenläpäisevä perimmäinen todellisuus."

Hastamalaka Stotra

Tällainen on Itsen oivaltaneen kokemus todellisuudesta.

5. luku

Lapsenkaltainen viattomuus gurun edessä

Amma sanoo, että lapsenkaltainen viattomuus on tärkeä ominaisuus henkiselle oppilaalle. Myös Jeesus puhui samaan tapaan:

"Totisesti minä sanon teille: ellette käänny ja tule lasten kaltaisiksi, ette pääse Taivasten valtakuntaan. Sen tähden, joka nöyrtyy tämän lapsen kaltaiseksi, se on suurin Taivasten valtakunnassa. Ja joka ottaa tykönsä yhden tämänkaltaisen lapsen minun nimeeni, se ottaa tykönsä minut."[1]

Taivasten valtakunta ei ole paikka pilvien yläpuolella, se on jumalan käsittämisen tila. Se saattaa myös olla olemassaolon taso, jolla valaistuneet sielut oleskelevat.

Yritä muistella aikaa, jolloin olit vielä lapsi. Mikä oli suurin ero sen ja nykyisen olotilasi välillä? Lapset uskovat viattomasti kaikkeen, eivätkä kanna huolta mistään. He elävät nykyhetkessä. Heidän kielteiset tunteensa kestävät vain hetkisen. He ovat täynnä elämää ja kokevat myös kaiken ympärillään olevan täynnä elämää. Heidän käsityksensä Jumalasta on raikas ja viaton.

Kuusivuotiaan käsitys Jumalasta

"Yksi Jumalan päätehtävistä on ihmisten tekeminen. Hän valmistaa heitä niiden tilalle, jotka kuolevat, jotta maapallolla olisi tarpeeksi ihmisiä huolehtimaan asioista. Hän ei tee aikuisia, hän tekee vain vauvoja, koska ne ovat pienempiä ja niitä on helpompi

---

1 Matt. 18:4-5.

valmistaa. Näin hänen ei tarvitse käyttää arvokasta aikaansa opettamalla heitä kävelemään ja puhumaan. Hän jättää sen tehtävän isille ja äideille. Minusta se toimii aika hyvin.

Jumalan toiseksi tärkein työ on rukousten kuunteleminen. Tätä tapahtuu paljon, koska jotkut ihmiset, kuten papit ja muut sellaiset, rukoilevat muulloinkin kun nukkumaan mennessään. Isoisä ja isoäiti rukoilevat aina ennen kuin syövät, paitsi kun he napostelevat. Tämän vuoksi Jumalalla ei ole aikaa kuunnella radiota tai katsoa televisiota. Koska Jumala kuulee kaiken, hänen korvissaan on varmaan kamala meteli, paitsi jos hän on keksinyt tavan hiljentää sen.

Jumala näkee ja kuulee kaiken ja on kaikkialla, joka paikassa, mikä pitää hänet aika kiireisenä. Sinun ei pitäisi tuhlata Hänen aikaansa pyytämällä sellaisia asioita, jotka eivät ole tärkeitä. Tai kysyä vanhempiesi selän takana jotain sellaista, jota et ole saanut. Se ei kuitenkaan toimi."

Iloinen uutiskirje

Kun tulemme Amman kaltaisen valaistuneen mestarin luo, hän näkee paljon vaivaa nostaakseen viattoman puolen olemuksestamme esille. Kuinka ihmisestä tulee viaton? En tarkoita sitä, etteikö meissä jo olisi viattomuutta. Tuo osa olemuksesta on meissä olemassa, mutta se on tällä hetkellä piilossa vihan, ylpeyden, himon, kunnianhimon ja muiden "aikuiselämään" kuuluvien ominaisuuksien julkisivun takana. Nämä piirteet tulee poistaa, jotta viattomuus voisi loistaa. Aurinko on aina olemassa, jopa pilvisinäkin päivinä. Viattomuus on todellinen olemuksemme. Me olemme todellisuudessa Jumalan lapsia, mutta meistä on tullut "ihmisen" lapsia.

Amman elämän tarkoitus on herättää meidät todelliseen olemukseemme. Kun olemme hänen seurassaan, viattomuus alkaa kehittyä meissä. Hänen läheisyytensä on kuin aurinko, joka kuivaa kosteuden. Kielteiset luonteenpiirteemme alkavat "kuivua", jotta sisäinen lapsemme voisi nousta esille. Koemme huojennusta ja raikkauden tunnetta ollessamme hänen seurassaan. Amma tietää, että hänen kanssaan oleminen on vain alkua matkallemme kohti viattomuutta. Hän työstää meitä, kun olemme hänen seurassaan ja jopa silloinkin, kun emme ole. Meidän on puhdistettava itsemme niistä luonteenpiirteistä, jotka peittävät viattomuutemme. Olemme nielleet kielteisyyden myrkkyä. Se on nyt oksennettava, jotta sisäinen puhtaus voisi alkaa loistaa meissä. Yrittäessämme saada jonkun oksentamaan juotamme hänelle suolavettä tai pistämme sormen hänen kurkkuunsa. Samaan tapaan Amma luo tilanteita, jotka tuovat meidän kielteisimmät puolemme esille, jotta meissä oleva paras aines voisi loistaa. Meistä saattaa tuntua siltä, että tavattuamme hänet viha, himo, ylpeys ja huono onni ovat vain lisääntyneet meissä. Luulimme, että meistä tulisi autuaallisempia viettäessämme aikaa Amman kanssa, mutta mitä onkaan tapahtunut? Olomme tuntuu aluksi hirveältä niin kuin sen jälkeen, kun olemme oksentaneet jotakin sellaista, josta olemme tulleet sairaiksi. Toivumme kyllä ajan mittaan. Kärsimys, jota koemme Amman armosta, loppuu jonakin päivänä tehden tilaa autuudelle. Henkisen elämän laki on, että ensin tulee kärsimys, sitten autuus. Aivan niin kuin äiti, joka pitää lastaan kädestä kiinni, kun lapsi opettelee kävelemään, samalla tavoin Amma seuraa viisauden katseella lapsiaan, jotka opettelevat kävelemään henkisen kehityksen tiellä. Hän tekee velvollisuutensa meitä kohtaan, mutta meidän uskomme ei tulisi häilyä.

Amma vie meitä kohti tuntematonta maaperää. Kukaan ei voi varmasti tietää, mistä kohtaa on kulkenut linnun tie taivaalla tai kalan reitti meressä. Tällaista on todellinen henkisyys. Henkinen tie on jokaisen kohdalla monivivahteinen ja erilainen. Sitä ei ole kirjoitettu kirjoihin, eikä sitä voi oppia kuin *mahatman*, valaistuneen olennon armosta. Periaatteessa kyse on egon, valheellisen henkilöllisyyden luovuttamisesta Jumalan ja gurun jalkojen juureen. Tämä johdattaa meidät siihen päämäärään, jonka mestari meille osoittaa.

Tämä saattaa vaikuttaa nykyaikaisen kasvatuksen vastakohdalta. Nykyinen kulttuuri opettaa meitä vahvistamaan persoonallisuuttamme. Joku saattaa miettiä, onko tämä sittenkään tie rauhaan ja onneen, sillä ilman rauhaa ei ole onnea. Yksi tapa ymmärtää tätä tapahtumasarjaa on kokea itsensä valtameren aaltona. Valtameri on Jumala ja aalto sen ilmentymä. Aalto ei ole koskaan erillään merestä, vain näennäisesti erillinen. Meren syvyydessä on tyyntä, mutta aalto on jatkuvasti levoton ja liikkeessä. Jos aalto vain sulautuisi mereen, se kokisi olevansa yhtä äärettömän meren kanssa.

Guru koettelee oppilastaan

Bhai Gurudas oli Sikh Guru Arjanin setä ja uskollinen opetuslapsi. Erään kerran hän kirjoitti runonsäkeitä ja luki ne mestarilleen:

> Jos äiti on siveetön, hänen poikansa ei tule rangaista häntä.

> Jos lehmä nielaisee timantin, sen vatsaa ei tule avata.

> Jos aviomies on uskoton, vaimon ei tule toimia samoin ja olla uskoton.

> Jos korkea-arvoinen nainen pitää viinistä, ihmisten ei pitäisi ajatella siitä pahaa.

> Jos guru koettelee oppilastaan, oppilaan uskon ei tule horjua.

Guru Arjan kuunteli tarkkaavaisesti, kun Gurudas luki runoaan. Kun hän oli lopettanut, guru mietti: "Helpommin sanottu kuin tehty. Minäpä tutkin hänen uskoaan." Niinpä hän kääntyi Gurudasin puoleen sanoen:

Lapsenkaltainen viattomuus gurun edessä

"Setä, minun pitää hankkia hevosia Kabulista. Voitko tehdä sen puolestani?"

"Ilman muuta", Gurudas sanoi.

Guru täytti joitakin säkkejä kultarahoilla. Hän laski rahat, sinetöi säkit ja sulki ne vahvoihin puulaatikoihin. Sitten säkit nostettiin muulien selkään ja hän aloitti yhdessä muiden oppilaiden kanssa pitkän ja hankalan matkan Lahoresta Kabuliin. Ylitettyään Khyber-solan he saapuivat Hindu Kushin vuorten lomassa sijaitsevaan Kabuliin.

Tämän muinaisen kaupungin hevosmarkkinoilla Gurudas tinki hevoskauppiaiden hinnoista ja osti löytämistään hevosista parhaat. Muiden opetuslasten oli nyt määrä lähteä viemään hevosia Lahoreen. Sillä välin Gurudas pyysi hevoskauppiaita telttalleen, jotta he saisivat maksun hevosista. Hän jätti kauppiaat ulkopuolelle ja meni telttaan noutamaan kultaa. Kun hän avasi muutaman laatikon ja otti kultasäkit, hän huomasi, että jotakin oli vinossa. Hän avasi pussit ja huomasi kauhukseen, että ne olivat täynnä kiviä, ei kultaa. Häntä alkoi nyt pelottaa toden teolla, sillä hän tunsi hevoskauppiaiden hurjan luonteen. Hän ajatteli: "He odottavat maksua ulkopuolella ja jos minulla ei ole sitä, he paloittelevat minut." Hän pohti kuumeisesti ja tuli viimein siihen tulokseen, että ainoa mahdollisuus olisi nyt leikata reikä teltan takaosaan ja paeta sen kautta. Hän pelkäsi niin paljon, ettei edes rukoillut gurunsa apua. Hän hyppäsi reiästä ulos ja juoksi pakoon täyttä vauhtia. Hän ei kehdannut kohdata guruaan, joten hän ohitti Lahoren ja meni Kashiin, monta sataa kilometriä itään.

Sillä välin muut ryhmän jäsenet menivät telttaan ottamaan selvää, miksi hän ei ollut maksanut hevoskauppiaille. He näkivät avonaiset laatikot, jotka olivat täynnä kultaa, mutta ei jälkeäkään Gurudasista. He myös näkivät reiän takaseinässä. He maksoivat hevoskauppiaille ja palasivat Lahoreen, jossa he kertoivat Guru Arjanille kaiken, mitä oli tapahtunut.

Kun Gurudas oli asettunut Kashiin, hän alkoi opettaa pyhiä kirjoituksia julkisilla paikoilla. Pian hän oli vetänyt puoleensa suuren yleisön. Lopulta jopa Kashin kuvernööri tuli kuuntelemaan ja nauttimaan hänen kauniista luennoistaan.

Muutaman kuukauden kuluttua Guru Arjan lähetti kirjeen Kashin kuvernöörille. Hän kirjoitti:

"Kashissa on varas, pyydän teitä ottamaan hänet vangiksi. Sitokaa hänen kätensä ja lähettäkää hänet luokseni. Teidän ei tarvitse etsiä varasta kauan. Löydätte hänen lukemalla tätä kirjettä julkisilla paikoilla ja uskonnollisissa tilaisuuksissa. Varas tulee luoksenne itse kuullessaan kirjeen sisällön. Jonkin ajan kuluttua kirje luettiin paikassa, missä Gurudas piti luentoa suurelle väkijoukolle. Heti kun hän kuuli kirjettä luettavan, hän nousi ja sanoi:

"Minä olen gurun tarkoittama varas!"

Väkijoukko oli ällistynyt:

"Et voi olla varas, sinähän olet pyhä mies. Varas on joku toinen", he sanoivat.

Gurudas kuitenkin sanoi:

"Ei, kyllä minä olen varas, siitä ei ole epäilystäkään. Sitokaa käteni, jotta en karkaa."

Kukaan ei suostunut tekemään sitä, sillä oli ennenkuulumatonta sitoa pyhä mies niin kuin rosvo. Niinpä Gurudas purki turbaaninsa, leikkasi sen kahtia ja sitoi omat kätensä. Näin sidottuna hän palasi iloisesti takaisin Lahoreen. Kun hän oli päässyt perille ja seisoi gurun edessä, mestari sanoi hänelle:

"Hyvä veli, lue minulle ne säkeet, jotka luit juuri ennen Kabuliin lähtöäsi."

Mutta Gurudas, jonka uskoa ja rakkautta oli koeteltu ja jolla oli takanaan katkeria kokemuksia, lankesi gurun jalkoihin sanoen:

"Jos äiti antaa pojalleen myrkkyä, kuka hänet pelastaa silloin?

Jos vartija murtautuu taloon, kuka voi silloin suojata sitä?

Jos opas harhauttaa matkaajan, kuka silloin voi ohjata hänet oikealle tielle?

Jos aita alkaa viedä elintilaa sadolta, kuka pelastaa sadon?

Näin ollen, jos guru koettelee opetuslastaan, kuka voi auttaa häntä pysymään uskossaan?"

Vain *Satguru* voi henkisellä voimallaan ja armollaan auttaa oppilasta pysymään uskossaan ja antaumuksessaan haastavien tilanteiden keskellä.

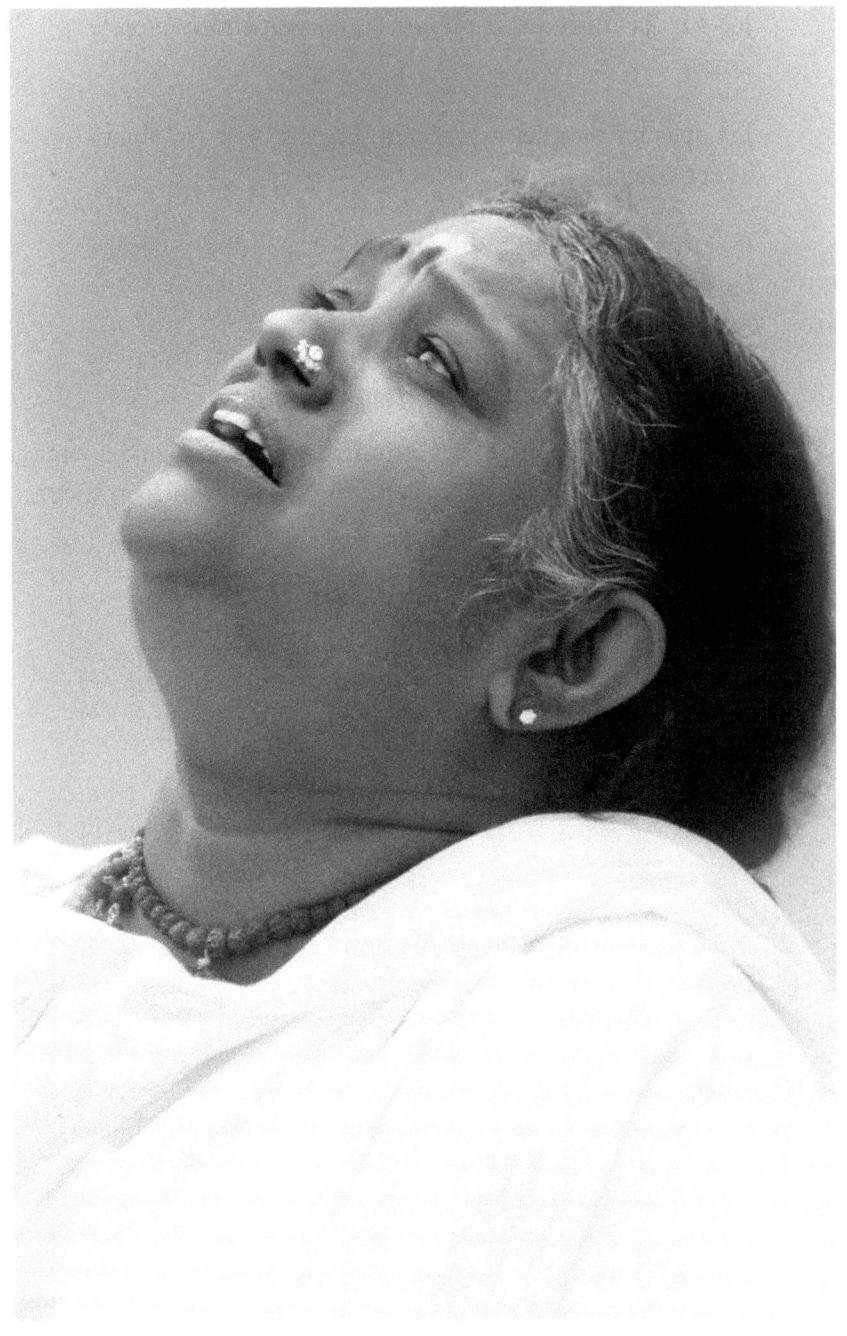

6. luku

Ystävällisyys vai itsekkyys

Amma sanoo:

"Lapset, jos haluatte saavuttaa vapautuksen, luopukaa itsekkyydestä. Kuunnelkaa myötätuntoisesti heitä, jotka kärsivät."

Useimmat meistä eivät ymmärrä, mitä "vapautumisella" tarkoitetaan, ainakaan siinä mielessä, mitä Amma tarkoittaa tällä käsitteellä. Yleensä vapautumisella viitataan vapauteen tai siihen, että vapaudumme vankeudesta, orjuudesta tai sorron alta. Tämä sisältyy myös siihen vapauteen, josta Amma puhuu, mutta samaan aikaan kyse on "vapaudesta" sanan laajimmassa mahdollisessa merkityksessä: kyse on vapaudesta suhteessa kaikkiin olemassaolon rajoituksiin. Meidän käsiämme ja jalkojamme ei ole kahlittu, eikä meitä ole lukittu selliin eikä huoneeseen, mutta mielemme reagoi ulkomaailmaan siten, että tunnemme houkutusta, vastenmielisyyttä ja pelkoa. Olosuhteista riippuen me koemme mielihyvää, kipua ja tuskaa. Suurimmalla osalla meistä ei ole kovinkaan paljon mielenrauhaa ja hetkessä sekin vähäinen rauhan tunne voi kadota. Mielemme on kuin levoton apina, jonka on puuhailtava kaiken aikaa jotakin. Muuten ikävystymme tai nukahdamme.

Sanokaamme, että sijoitamme rahaa osakemarkkinoille ja kurssit nousevat nousemistaan, ja tunnemme itsemme yhä onnellisemmiksi. Olemme seitsemännessä taivaassa, mutta sitten keskuspankki kertookin huonoja uutisia ja kurssit kääntyvät laskuun. Yhtiömme pörssiarvo romahtaa, ja lopulta kilpailija ostaa sen. Johtaja alkaa syyllistää meitä. Emme kykene korjaamaan tilannetta, ja niinpä menetämme omaisuutemme ja kadotamme mielenrauhamme. Tulemme epätoivoisiksi ja murehdimme kaiken aikaa. Tällaista tapahtuu kaiken aikaa ympärillämme, vaikka saatammekin ajatella, että niin ei tapahdu meille.

Joitakin vuosia sitten eräs tuntemani henkisen tien kulkija menetti koko omaisuutensa teknologiakuplan puhjetessa. Siinä missä jotkut päätyivät itsemurhaan, tuttavani kykeni pitämään mielensä vakaana *sadhanan*, henkisten harjoitusten, avulla, ja koska hän oli jo vuosia ollut Amman kanssa tekemisissä. Hän on oivallinen esimerkki siitä, miten voimme hyötyä antautumisen ja takertumattomuuden harjoitamisesta Amman opetusten mukaisesti. On sääli, että vanhemmat ja koulu eivät opeta tällaisia taitoja kansalaisille. Tämän johdosta Amma sanookin, että on olemassa kahdenlaista koulutusta: koulutusta elannon hankkimiseksi ja koulutusta elämää varten.

Jopa arkipäiväiset tilanteet voivat sysätä meidät pois tasapainosta. Kaikkihan tietävät, mitä tarkoitetaan ratin takana raivoamisella. Tai kenties puolisomme, lapsemme tai ystävämme antavat odottaa itseään saaden meidät kihisemään kiukusta. Saatamme suuttua ihmisille, jotka aiheuttavat meille pienenkin määrän kärsimystä. Näin elämästä tulee helvetillistä kaikille – sekä meille itsellemme että läheisillemme.

Kertomus taivaan ja helvetin salaisuuksista

Vanha japanilainen munkki istui tien reunalla silmät suljettuina ja kädet yhteen liitettyinä, syvään meditaatioon vaipuneena. Samassa samuraisoturin karski ja vaativa ääni keskeytti hänen mietiskelynsä:

"Vanhus! Opeta minulle taivaasta ja helvetistä!"

Aluksi vaikutti siltä, että munkki ei ollut kuullut, mitä hän oli sanonut, mutta vähitellen hän avasi silmänsä ja hienoinen hymy ilmaantui hänen suupieliinsä samurain seisoessa odottamassa. Hetki hetkeltä samurai tuli yhä kärsimättömämmäksi.

"Haluat siis tuntea taivaan ja helvetin salaisuuden?" munkki sanoi vihdoin. "Sinä, joka olet niin suttuinen, jonka kädet ja jalat ovat likaiset ja hiukset kampaamattomat, jonka hengitys haisee pahalle, jonka miekka on ruosteessa ja hoitamaton, joka olet ruma ja jonka äiti antaa sinulle hullunkurisia vaatteita. Sinäkö kysyt minulta taivaasta ja helvetistä?"

Samurai kirosi raskaasti ja kohotti miekan päänsä yläpuolelle samalla, kun hänen kasvonsa muuttuivat verenpunaisiksi ja verisuonet pullistuivat hänen kaulallaan. Hän valmistautui iskemään miekallaan munkin pään irti.

"Tuo on helvetti", vanha munkki sanoi lempeällä äänellä miekan liikahtaessa iskeytyäkseen hänen kaulaansa.

Samurai täyttyi sekunnin murto-osassa hämmästyksellä, syvällä kunnioituksen tunteella, myötätunnolla ja rakkaudella tuota lempeää olentoa kohtaan, joka uskalsi vaarantaa henkensä antaakseen hänelle opetuksen. Hän pysäytti miekkansa puolitiehen ja hänen silmänsä täyttyivät kiitollisuuden kyynelistä.

"Ja tuo on taivas", munkki jatkoi.

Mayan, Jumalan luoman harhavoiman takia meidän mielemme suuntautuu aistien kautta ulospäin saaden meidät uskomaan, että onnellisuus löytyy ulkopuoleltamme. Yritämme rauhoittaa sisäistä levottomuuttamme ja kaipuutamme rauhaan ja onnellisuuteen muokkaamalla ulkoisia olosuhteita niin, että saisimme kokea mahdollisimman paljon mielihyvää, johon sitten takerrumme kaikin tavoin. Ellemme ole luonteeltamme harvinaisen epäitsekkäitä, itsekkyys meissä lisääntyy yrittäessämme huolehtia omasta onnellisuudestamme, jopa toisten onnellisuuden kustannuksella. Tällainen onnellisuus on kovin hauras, sillä se voi luhistua milloin tahansa ja haihtua taivaan tuuliin olosuhteiden muuttuessa.

Meillä näyttää olevan tietty määrä vapautta, mutta yrityksistämme huolimatta asiat eivät useinkaan mene niin kuin olemme toivoneet. Terveytemme rapistuu, kun vanhenemme, toisinaan jopa aikaisemminkin, ja lopulta me kuolemme. Silloin yksikään lääkäri ei enää voi auttaa meitä. Ruumiimme ja mielemme ovat luonnonlain alaisia. Tällainen ennuste ei ole kovin miellyttävä. Elämä on täynnä rajoitteita ja päättyy lopulta kuolemaan.

Mutta kun Amma puhuu vapautuksen saavuttamisesta, hän tarkoittaa, että vapaudumme kaikista tulevistakin elämistä, jotka joutuisimme kokemaan, jos emme puhdista mieltämme. Etsiessämme onnea ulkopuoleltamme luomme energiaa, joka pakottaa meidät kokemaan lukuisia elämiä, kunnes lopulta petymme ja käännämme mielemme sisäänpäin löytääksemme todellisen Itsen, onnellisuuden lähteen, jotta voisimme vakiintua siihen ikuisesti. Tätä on vapautus *samsarasta*. Vapautuminen loppumattomalta näyttävästä syntymisen, kuolemisen ja jälleensyntymisen kehästä. Se on elämän pyhiinvaellusmatkan korkein päämäärä, jota kohti kaikki elävät olennot kulkevat.

Oman itsemme oivaltaminen ei edellytä ainoastaan henkisiä harjoituksia, kuten, mantran toistamista, meditoimista, antaumuksellisia lauluja ja pyhien kirjoitusten opiskelua, vaan myös ystävällisyyden, kärsivällisyyden ja myötätuntoisuuden, toisin sanoen epäitsekkyyden harjoittamista. Ego tai yksilöllinen persoonallisuutemme, johon virheellisesti samastumme, puhdistuu vähitellen ja laajenee siten, että lopulta todellinen olemuksemme paljastuu.

Kuvittelemme tulevamme onnellisiksi olemalla itsekkäitä, mutta joudumme kerta toisensa jälkeen kokemaan päinvastaisen lopputuloksen. Tätä on *mayan* näytelmä. Itsekäs asenteemme sulkee sydämemme lootuskukan. Jokaisella meistä on sydän. En tarkoita verta pumppaavaa elintä, vaan sitä paikkaa kehossa, missä tunnemme onnellisuuden ja kärsimyksen. Kun se on sulkeutunut ja pimeyden vallassa, emme voi tuntea onnea tai rauhaa. Kun se avautuu hiemankin, sisällemme virtaa valoa ja me tunnemme itsemme onnellisiksi ja rauhallisiksi. Mitä enemmän sydämemme avautuu, sitä autuaallisemmaksi ja rauhallisemmaksi elämämme muodostuu. Täydellisesti avautunut sydänlootus tarkoittaa itseoivallusta. Sellaiset kielteiset ajatukset ja tunteet kuten vihaisuus, kärsimättömyys, itsekeskeisyys, kostonhalu ja niin edelleen sulkevat sydäntämme aina vain enemmän. Ja sellaiset myönteiset ajatukset kuten rakkaudellisuus, kärsivällisyys, epäitsekkyys, uhrautuvaisuus, anteeksiantavaisuus ja antaminen avaavat sydäntämme. Suuri tietäjä Patanjali kertoo meille, kuinka opimme asennoitumaan niin, että sydämemme pysyy avoimena:

> "Viljelemällä ystävällisiä ajatuksia onnellisia kohtaan, myötätuntoisia ajatuksia onnettomia kohtaan, olemalla iloisia hyveellisten puolesta ja piittaamattomia pahantahtoisia kohtaan mieli säilyttää häiriintymättömän rauhansa."
>
> –Patanjalin joogasutrat 1:33

Sydämemme avautuu tehdessämme hyviä asioita, puhuessamme hyvää ja ajatellessamme kauniita ajatuksia. Niinpä meidän ei tule tietoisesti tai tietämättämme sulkea sydäntämme, sillä se johtaa kärsimykseen. Avatkaamme sydämemme hyvyydellä. Tämä on yksinkertaista, eikä tällaista filosofiaa ole vaikea seurata. *Mahatmat,* suuret sielut, riemuitsevat enemmän siitä, että teemme hyviä tekoja ja luovumme itsekkyydestä, kuin siitä että tuomme heille kukkia, vaatteita tai hedelmiä, tai että laulamme *bhajaneita,* antaumuksellisia lauluja, ja meditoimme.

Kertomus ystävällisyydestä

Raamattu ei kerro, kuinka monta viisasta miestä tai itämaan tietäjää matkasi Betlehemiin Jeesuksen syntymän aikaan seuraten tähteä. Yleisen perimätiedon mukaan heitä oli kolme: Kaspar, Melkior ja Baltasar. Mutta erään version mukaan oli olemassa myös neljäs viisas, Artaban. Kun Artaban valmistautui lähtemään matkaan ja seuraamaan tähteä, hän otti mukaansa arvokkaan safiirin, rubiinin ja helmen lahjana uudelle kuninkaalle, mistä hänet sitten löydettäisiinkään.

Kun Artaban oli aikeissa liittyä toisten viisaiden seuraan matkalle, hän pysähtyi auttamaan sairastunutta matkamiestä. Hän tajusi, että jos hän viipyisi pidempään, hän ei ehtisi ennalta sovittuun tapaamiseen ystäviensä kanssa. Hän päätti kuitenkin jäädä auttamaan, ja tämän johdosta hän myöhästyi karavaanin lähdöstä. Artaban oli nyt yksin ja hän tarvitsi kuljetuksen ja tarvikkeita aavikon ylittämiseen. Niinpä hän myi safiirin ostaakseen kameleita ja muita välttämättömiä tarvikkeita. Tämä teki hänet surulliseksi, sillä kuningas ei nyt saisi arvokasta jalokiveä.

Artaban lähti matkaan ja pääsi lopulta Betlehemiin, mutta myöhässä. Kaikkialla oli nyt sotilaita, jotka tappoivat poikalapsia Herodeksen määräyksestä. Artaban kaivoi esiin hohtavan rubiinin ja lahjoi sotilasjoukon johtajan, jotta tämä jättäisi eloon lapset kylässä, jonne hän oli majoittunut. Lapset jäivät henkiin ja äidit iloitsivat, mutta kuningas ei saisi rubiiniaan.

Artaban jatkoi etsintäänsä kolmekymmentäkolme vuotta, kunnes hän saapui lopulta Jerusalemiin päivänä, jona oli määrä ristiinnaulita useita ihmisiä. Hän kiirehti kohti Golgataa lahjoakseen roomalaisen vartijan helmellä ja pelastaakseen miehen, jota kutsuttiin Jeesukseksi. Hän vaistosi, että tässä oli se kuningasten kuningas, jota hän oli etsinyt koko elämänsä.

Samassa nuori nainen, jota raahattiin kadulla kohti orjamarkkinoita, anoi apua Artabanilta. Epäröityään hetkisen Artaban antoi pois kalliin helmen ja maksoi naisen lunnaat. Artabanilla ei ollut enää yhtäkään niistä arvokkaista jalokivistä, jotka hän oli aikonut lahjoittaa kuninkaalle.

Kun hän saapui paikalle, jossa ristiinnaulitsemisten oli määrä tapahtua, hän oli murheellinen, koska ei voinut tehdä mitään auttaakseen Jeesusta. Mutta sitten tapahtui jotakin merkittävää. Jeesus katsoi Artabania ja sanoi:
"Älä ole murheellinen, Artaban. Olet auttanut minua koko elämäsi. Kun olin nälkäinen, annoit minulle ruokaa. Kun olin janoinen, annoit minulle juotavaa. Kun olin alaston, vaatetit minut. Kun olin vailla yöpaikkaa, majoitit minut."

Jotkut sanovat, että Artaban ei milloinkaan löytänyt Kristusta. Toiset taas sanovat, että hän oli viisaista miehistä viisain. Olen varma, että Amma olisi samaa mieltä jälkimmäisestä näkökannasta.

Sydänlootuksen avaaminen on kaikkein vaikein ja samalla palkitsevin asia, jonka voimme tehdä. Se iskee egon juureen, itsekkyyteen. Se on *tapasia*, itsekuriharjoitusta ja *sadhanaa*, henkistä harjoitusta. Amma ilmentää meille joka hetki, päivin ja öin, epäitsekkään olemassaolon korkeinta polkua kuuntelemalla kärsivällisesti, ikävystymättä ja vailla levottomuutta, kertomuksia ihmisten kärsimyksistä. Voimmeko noudattaa hänen esimerkkiään edes vähäisessä määrin? Ainakin voimme yrittää.

7. luku

Rauha on syvin olemuksemme

Kaikki kaipaavat mielenrauhaa. Vaikka meillä olisi kuinka paljon aistinautintoja, lopulta kyllästymme ja haluamme vain rauhaa. Rikkaalla voi olla kaikki kuviteltavissa olevat nautinnot, mutta loppujen lopuksi edes hänen rakas aviomiehensä tai vaimonsa, poikaystävänsä tai tyttöystävänsä ei voi pitää häntä hereillä, kun hän on väsynyt ja haluaa nauttia nukkumisen autuudesta. Mikä nukkumisesta tekee jopa aistinautintojakin suloisempaa? Vastaus on rauha, subjektin ja objektin poissaolo, autuaallinen ykseys.

Jos jatkamme sinnikkäästi *sadhanaamme*, emmekä tuhlaa energiaamme liiallisiin aistinautintoihin ja ajatteluun, mielemme tyyntyy vähitellen meditaation tilaan. Se pysyy tyynenä silloinkin, kun emme meditoi. Tämä tyyneys on henkisen elämän todellinen alku.

Kaikki henkiset ponnistelumme tähtäävät levottoman mielen keskittämiseen. Rauha on todellinen olemuksemme. Mielen erilaiset ominaispiirteet, kuten muistaminen, unohtaminen, haluaminen, vihaaminen, mieltymyksen ja vastenmielisyyden tunne, eivät sen sijaan ole sitä. Edes henkiset kykymme, kuten menneisyyden ja tulevaisuuden tietäminen, eivät ole todellinen olemuksemme. Vapautus on sitä, että oivallamme rauhan olevan todellinen olemukseksemme ja että pysyttelemme tuossa tilassa, korkeimmassa autuudessa ja täyttymyksessä.

Amma sanoo, että ennen kuin olette saavuttaneet ikuisen tyyneyden:

"Sallikaa mielenne paastota. Lopettakaa mielen ruokkiminen ajatuksilla. Mielen ruokkimisesta mielihalujen ja ajatusten ruoalla on tullut tapa, ja mieli kokee, että tällainen on parasta ruokaa. Tästä tavasta tulisi luopua. Mielen tulisi ymmärtää, että tällainen ravinto aiheuttaa 'vatsakipuja', jos ei nyt, niin myöhemmin. Mielen tulisi oppia ymmärtämään, että tällainen mielihalujen ja ajatusten ravinto on haitallista, että on olemassa paljon maukkaampaa ja terveellisempää ravintoa. Erilaiset henkiset harjoitukset ovat kaikkein herkullisinta ja terveellisintä ruokaa. Kun olette ymmärtäneet tämän, teidän tulisi ruokkia mieltänne säännöllisesti *japalla*, mantran toistamisella ja *dhyanalla,* meditaatiolla ja muilla henkisillä harjoituksilla. Nälkä henkistä ravintoa kohtaan kasvaa hiljalleen, kunnes nälkä on lopulta valtaisa. Älkää unohtako toistaa mantraanne. *Sadhanan* vaihe on kuin vuorelle kiipeämistä. Tarvitsette paljon voimia ja energiaa. Vuorikiipeilijät käyttävät köysiä apuna kohottaakseen itsensä ylöspäin. Teidän tärkein köytenne on *japa.* Lapset, toistakaa sen tähden jatkuvasti mantraanne. Kun saavutte jumaluuden käsittämisen tilan huipulle, voitte rentoutua ja levätä ikuisesti."

Tuota ylevää päämäärää kohti on monta tietä. Amma sanookin:

"Ihmiset ovat luonteeltaan erilaisia. Olemme kaikki ainutlaatuisia. Vaikka puhummekin mantran toistamisesta, rukoilusta ja meditaatiosta erilaisina polkuina mielenrauhaan pääsemiseksi, on olemassa muitakin keinoja. Jotkut saavuttavat mielenrauhan taiteen tekemisen, musiikin, tanssin tai näytelmätaiteen avulla."

Laulu sydämessä, uhraus Jumalalle

Salvador, Julio ja Antonio elivät naapuruksina Italiassa, Cremonassa 1600-luvun puolivälissä harrastaen musiikkia.

Salvadorilla oli kaunis tenorin ääni ja Julio säesti häntä viululla, kun he kulkivat kaupungin torin poikki. Myös Antonio rakasti musiikkia ja olisi halunnut laulaa mukana, mutta hänen äänensä vinkui kuin ruostunut sarana. Aina kun hän lauloi, lapset pilkkasivat häntä. Antonio ei kuitenkaan ollut lahjaton. Hänen isoisänsä antama taskuveitsi oli hänen rakkain aarteensa, ja sillä hän veisteli aina jotakin puupalaa. Tällä tavoin Antonio vuoli joitakin todella kauniita esineitä.

Kun vuosittaisen juhlan aika lähestyi, taloja ja katuja alettiin somistaa kauniilla kevätkoristeilla. Kadut täyttyivät parhaimpiinsa pukeutuneista ihmisistä. Salvador ja Julio suunnittelivat menevänsä juhlapäivän aikaan vilkkaalle aukiolle, lähelle katedraalia voidakseen soittaa ja laulaa siellä.

"Lähdetkö mukaamme?" he kysyivät Antoniolta, joka veisteli puupalasta. "Vaikka et osaakaan laulaa, haluamme sinut silti mukaan."

"Toki haluan tulla mukaanne", Antonio vastasi. "Juhlassa on niin mukavaa."

Niinpä nämä kolme poikaa suuntasivat askeleensa kohti katedraalia. Kun he kävelivät, Antonio ajatteli äskeistä huomautusta siitä, että hän ei osaa laulaa. Se sai hänen sydämensä itkemään, sillä hän rakasti musiikkia yhtä paljon kuin toisetkin, vaikka hänellä olikin nariseva ääni.

Kun he saapuivat aukiolle, Julio alkoi soittaa viulua ja Salvador ryhtyi laulamaan melodisella äänellä. Ihmiset pysähtyivät kuuntelemaan ja moni heistä pudotti kolikon tai pari kuluneisiin vaatteisiin pukeutuneille pojille. Väkijoukosta työntyi esiin vanhempi mies, joka ylisti heitä, laittoi kiiltävän kolikon Salvadorin käteen ja katosi väkijoukkoon. Salvador avasi kätensä ja haukkoi henkeään.

"Katsokaa! Se on kultaraha!"

Hän kokeili kolikkoa hampaillaan varmistuakseen asiasta. Pojat olivat innoissaan ja antoivat vuoron perään kolikon toisilleen tutkittavaksi. He olivat yhtä mieltä siitä, että se oli toden totta aito kultaraha.

"Hänellä on varaa siihen", Julio sanoi, "sillä hän on suuri Amati."

Antonio kysyi nolostuneena:

"Kuka Amati? Miksi hän on suuri?"

Molemmat pojat nauroivat ja kysyivät:

"Etkö ole kuullut Amatista?"

"Ei hän tietenkään ole kuullut Amatista", Julio sanoi, "sillä hän ei tiedä mitään musiikintekijöistä. Hänellä on nariseva ääni, ja hän veistää vain puunpalasia. Tiedoksesi Antonio, Amati sattuu olemaan suuri viulunrakentaja, luultavasti Italian paras ja ehkä maailman paras, ja hän asuu täällä meidän kaupungissamme."

Kun Antonio käveli illalla kotiin, hänen sydämensä oli raskas. Hän tunsi, että hänelle oli naurettu jo liian usein hänen narisevan äänensä ja veistelynsä takia. Niinpä hän lähti seuraavana aamuna jo varhain kotoaan puukko mukanaan. Hän kantoi veistämiään esineitä; kaunista lintua, huilua, patsaita ja pientä venettä, taskuissaan. Hän oli päättänyt löytää suuren Amatin kodin.

Lopulta Antonio löysi oikean talon ja koputti varovasti ulko-oveen. Kun palvelija tuli avaamaan, suuri mestari kuuli Antonion narisevan äänen ja tuli katsomaan, mitä asiaa hänellä oli näin varhain aamulla.

"Tulin näyttämään teille näitä, hyvä herra", Antonio sanoi ottaen taskuistaan esineitä, joita hän oli veistänyt. "Toivoisin, että tutkisitte näitä ja kertoisitte, olenko tarpeeksi lahjakas oppimaan viulun rakentamista."

Amati tarkasteli jokaista esinettä huolellisesti ja kutsui sitten Antonion taloonsa. "Mikä on nimesi?" hän kysyi.
"Antonio", poika sanoi narisevalla äänellään.
"Miksi tahdot rakentaa viuluja?" Amati kysyi vakavana.
Antonio vastasi:
"Rakastan musiikkia, mutta en osaa laulaa, sillä ääneni kuulostaa narisevalta saranalta. Kuulittehan eilen katedraalin edessä, kuinka hyvin ystäväni lauloivat. Minäkin haluaisin saada musiikin tavalla tai toisella elämään."
Amati kumartui eteenpäin, katsoi Antoniota silmiin ja sanoi: "Tärkeintä on sydämessäsi soiva laulu. Musiikkia voi synnyttää eri tavoin – jotkut soittavat viulua, toiset laulavat, kolmannet maalaavat upeita kuvia. Jokainen näistä lahjoittaa lisänsä maailman loistoon. Olet veistäjä, mutta laulusi ylevyyttä ei voita mikään."

Nämä sanat tekivät Antoniosta onnellisen eikä hän milloinkaan unohtanut tätä toivon sanomaa. Hänestä tuli nyt tämän suuren taiteilijan oppilas. Joka aamu hän lähti aikaisin Amatin työpajalle, missä hän kuunteli, oppi ja seurasi opettajaansa. Vuosien kuluttua Antonio tunsi kaikki viulun ja sen seitsemänkymmenen osan rakentamisen salaisuudet. Ollessaan 22-vuotias hänen mestarinsa antoi hänen signeerata jokaisen rakentamansa viulun omalla nimellään.

Koko loppuelämänsä ajan Antonio Stradivarius rakensi viuluja yrittäen tehdä jokaisesta paremman ja kauniimman kuin edellisestä. Hän teki yhteensä yli 1100 viulua. Nykyään jokaisella Stradivariuksen omistajalla on hallussaan aarre, miljoonien dollareiden arvoinen mestariteos.

Emme ehkä ole suuria henkisiä kilvoittelijoita tai täydellisiä maailmasta luopujia, mutta voimme antaa Jumalan käyttöön sen, mihin pystymme, ja Jumala on tämän johdosta tyytyväinen.

Niin kuin Krishna sanoo *Bhagavad-Gitassa*:

"Jos joku uhraa Minulle rakkaudella lehden, kukan, hedelmän tai vettä, Minä otan vastaan tuon antaumuksen uhrilahjan. Oi Kuntin poika, mitä tahansa teetkin – syöt, harjoitat rituaaleja, hyväntekeväisyyttä tai itsekuriharjoituksia – omista se uhrilahjana Minulle. Silloin mikään teko ei sido sinua ansioiden tai paheiden muodossa, ja sinä saavutat vapautuksen ja tulet Minun luokseni."

Bhagavad-Gita 9:26-28

8. luku

Ihmiselämän tarkoitus

Amma ei säästä sanoja puhuessaan elämän merkittävyydestä ja ihmiselämän arvosta. Sielu saa ihmiskehon vietettyään sitä ennen monta elämää alemmissa elämänmuodoissa. Jokaisessa elämässä – ihmiselämä mukaan luettuna – meitä koskettaa ensisijaisesti seuraavat viisi asiaa: nälkä ja jano, seksuaalisuus, pelot ja uni.

Mikä näin ollen tekee ihmiselämästä niin erikoislaatuisen? Voimme käyttää älyämme, tehdä ratkaisuja johtopäätöstemme perusteella ja toteuttaa niitä käytännössä. Eläimet eivät kykene tähän. Ne elävät luonnon ohjelmoimina tai ovat ihmisten kouluttamia, mutta eivät kykene ajattelemaan ja järkeilemään niin kuin ihminen. Ihmisellä on äly, jonka avulla hän voi erottaa hyvän pahasta ja ymmärtää monia asioita. Meidän tulee kasvattaa tämä ihmisyyden tunnusmerkki täyteen mittaansa ennen kuolemaamme. Tämä ei välttämättä tarkoita sitä, että käyttäisimme älykkyyttä vain maallisen tiedon alueella. Se tarkoittaa, että oivallamme oman ikuisen olemuksemme sieluna, tietoisuutena. Itsen tunteminen on ihmiselämän korkein saavutus, sen suurin autuus. Vain ihmiset voivat pyrkiä luonnon ylittämiseen henkisten harjoitusten ja viettien hallinnan avulla.

Amma sanoo:

> "Lapset, ruumiimme ei ole ikuinen, se voi tuhoutua milloin tahansa. Olemme syntyneet ihmisiksi lukemattomien elämien jälkeen. Jos tuhlaamme elämämme elämällä eläinten lailla, synnymme jälleen eläimiksi, kunnes saavutamme uuden ihmiselämän."

Jotkut henkiset ihmiset väittävät, että muinaisten tietäjien, *rishien*, opetus siitä, että ihminen voi syntyä alempaan elämänmuotoon, ei voi pitää paikkaansa. Kenties se kuulostaa heidän mielestään liian epämiellyttävältä. Ja kuitenkin *rishit* kertovat *Bhagavad-Gitassa* ja muissa pyhissä teksteissä, että *jiva*, sielu, voi pitkällä matkallaan kohti mystistä yhtymistä Luojan kanssa omaksua erilaisia polkuja ja päätyä elämään sekä ihmistä alemmalle että häntä ylemmälle tasolle.

Jos ihminen ymmärtää elämän todellisen päämäärän, sen toimintasuunnitelman, hänen elämällään on suunta, joka kantaa hedelmää. Vaikka hän ei saavuttaisikaan päämäärää maallisen elämän päättyessä, hän tulee syntymään entistä parempiin olosuhteisiin. Tämä tuodaan selkeästi esille *Bhagavad-Gitan* kuudennessa luvussa, missä on valaiseva keskustelu Krishnan ja hänen oppilaansa Arjunan välillä, ja se meidän tulisi lukea tarkkaan.

Arjuna sanoi:

"Oi Madhusudana, en kykene näkemään, että tämä Sinun selittämäsi tasapainottava jooga saa aikaan minkäänlaista pysyvää muutosta, sillä minun mieleni on levoton. Mieleni on epävakaa, myrskyinen, voimakas ja itsepintainen. Oi Krishna, mieltä on yhtä vaikea hallita kuin tuulta."

(Krishna) Siunattu Herra sanoi:

"Oi voimakasaseinen, mieli on epäilemättä häilyväinen ja hallitsematon, mutta joogan harjoittamisen ja takertumattomuuden avulla mieli on kuitenkin mahdollista hallita.

Hänen, joka ei hallitse itseään, on vaikea saavuttaa joogaa, mutta hän, joka hallitsee tahdonvoimansa, kykenee hallitsemaan mielensä oikeiden menetelmien avulla."

Arjuna sanoi:

"Oi Krishna, mitä tapahtuu hänelle, joka ei menesty joogassa, hänelle, joka on yrittänyt hallita mielensä, mutta ei onnistu siinä? Oi voimakasaseinen, tuhoutuuko sellainen joogi kuin tuulen hajottama pilvi, jos hän ei löydä tietä Jumalan luo? Vaipuuko hän harhaan jouduttuaan syrjään molemmilta teiltä? Poista minun epäilykseni lopullisesti, oi Krishna, sillä kukaan muu kuin Sinä ei voi auttaa minua tässä epävarmuudessa."

(Krishna) Siunattu Herra sanoi:

"Oi Arjuna, poikani! Hyvien tekojen tekijä ei koskaan tuhoudu. Hän ei joudu vaikeuksiin tässä maailmassa eikä tuonpuoleisessakaan. Epäonnistuttuaan joogassa hän viettää monta vuotta hyveellisten maailmassa ja syntyy sitten oikeamieliseen ja vauraaseen perheeseen. Tai hän saattaa syntyä valaistuneiden joogien perheeseen. Tällainen syntymä on vaikea saavuttaa tässä maailmassa. Tällöin edellisessä elämässä saavutettu ymmärrys tulee jälleen eläväksi hänessä, ja hän yrittää nyt entistä voimallisemmin saavuttaa täydellisyyden, oi Kurujen poika. Aikaisemmissa elämissä tehtyjen joogaharjoitusten voima saa aikaan sen, että jooga alkaa itsestään kiinnostaa häntä. Syvän joogameditaation avulla hän pääsee helposti pidemmälle kuin rituaalisen jumalanpalveluksen harjoittaja. Harjoittelemalla ja ponnistelemalla monen elämän aikana joogi saavuttaa lopulta korkeimman päämäärän."

Bhagavad-Gita VI:33-45

Nämä säkeet antavat toivoa ja lohduttavat meitä henkisellä polullamme. Kun mietimme itseämme henkisinä oppilaina, saatamme ajatella, että emme ehkä saavuta päämäärää tämän elämän aikana. Olemme huolissamme kohtalostamme ja siitä, millainen seuraava elämämme tulee olemaan. Ovatko ponnistelumme olleet siis hyödyttömiä? Onko meidän aloitettava jälleen kaikki alusta? Sri Bhagavan lohduttaa meitä sanoen, että syytä huoleen ei ole. Ponnistelumme eivät mene koskaan hukkaan. Vaivannäkömme on kuin rahan tallettamista ikuiselle pankkitilille, joka säilyy kuoleman rajan yli, elämästä toiseen. Saamme kokea onnea toisissa maailmoissa, ja sen jälkeen synnymme olosuhteisiin, jotka ovat hedelmällisiä henkiselle kehityksellemme. Ja vaellamme entistä innokkaammin, jopa vastoin omaa tahtoamme, kohti päämäärää.

Termi "vastoin omaa tahtoamme" kuvaa tilannettamme. *Maya* on kuin painovoima. Se vetää meitä alaspäin, vaikka emme olisikaan siitä tietoisia. *Maya* saa aikaan sen, että sielut eivät ole tässä maailmassa eläessään kiinnostuneita vakavasta henkisestä kehityksestä. Lähes kaikki olennot pyrkivät vain tyydyttämään omia halujaan saadakseen kokea nautintoa ja voidakseen välttää kärsimystä. Mutta ne, jotka ovat edellisissä inkarnaatioissaan kamppailleet vilpittömästi saavuttaakseen vapautuksen, tuntevat vetoa ryhtyä entistä voimallisemmin pyrkimään kohti itse-oivallusta, huolimatta maallisista ominaisuuksistaan. Amma sanoo, että ne, jotka kehittyvät nopeasti henkisellä polullaan, ovat tehneet *sadhanaa,* henkisiä harjoituksia edellisissä elämissään. Heidän harjoituksensa voimallisuus tässä elämässä osoittaa sen. Vaikka meillä ei olisikaan tällaista voimaa, meidän tulisi yrittää parhaamme; vaikka emme saavuttaisikaan täydellistä tilaa tässä elämässä, olisimme seuraavassa elämässä lähempänä sitä. Niinpä tämä on viisas sijoitus.

Näiden lupausten lisäksi meidän ei tulisi unohtaa, että gurumme armo on kaikkein suurin vapautukseen vievä voima. Pelkkä Amman meihin suuntaama ajatus riittää poistamaan ikiaikaisen *ajñanan*, tietämättömyyden verhon, joka peittää todellisen itsemme. Toki meidän tulee ensin ansaita tuo armo voimallisilla pyrkimyksillämme.

Suunnitelma lapsille

Minkälainen toimintasuunnitelma meillä siis tulisi olla? Kun olemme lapsia, olemme kuin kaksijalkaisia eläimiä. Emme tee mitään sellaista, mitä eläimet eivät tee: syömme, ulostamme, nukumme, leikimme, rakastamme, tappelemme ja niin edelleen. Mutta jonkin ajan kuluttua, ollessamme noin viiden vuoden ikäisiä, vanhempiemme tulisi alkaa rakentaa perustaa "tikapuille taivaaseen". Tässä vaiheessa tulisi alkaa tehdä valmisteluja, jotta voisimme kulkea pitkän matkamme takaisin Jumalan luo.

Amma sanoo:

> "Vanhempien tulisi alkaa selittää henkisiä asioita lapsille jo nuorella iällä. Meidän tulisi kertoa heille, että on olemassa Jumalana tunnettu voima, joka hallitsee kaikkea. Jos opetamme lasta muistamaan tämän jumalallisen opin elämän kaikissa olosuhteissa, lapsi pystyy säilyttämään sisäisen tasapainonsa kaikissa tilanteissa, niin menestyksen kuin tappionkin hetkillä. Vaikka heissä kehittyisikin joitakin huonoja tottumuksia, heidän alitajunnassaan piilevät hyvät muistot ohjaavat heidät aikanaan takaisin oikealle tielle."

Maallisen tiedon lisäksi vanhempien tulisi ohjata lapsensa seuraavien aiheiden pariin esimerkkien ja kertomusten avulla: kunnioitus vanhempia ja Jumalaa kohtaan, jumalanpalvelus, nöyryys, yksinkertaisuus, itsekuri, takertumattomuus, palveleminen, epäitsekkyys ja filosofinen asennoituminen.

Amma: "Lasten tulisi kunnioittaa vanhempiaan, vastata heille kohteliaasti, noudattaa heidän ohjeitaan, eikä pilkata heitä tai vastata heille äänekkäästi tai asettua vastustamaan heitä. Tämä on tarpeen, jotta perhe voisi hyvin."

Tämän vuoksi lapsille tulisi opettaa maallisten aineiden lisäksi joogaa, sanskritinkielisiä mantroja ja rukouksia, henkisiä kertomuksia *Ramayanasta, Srimad Bhagavatamista, Mahabharatasta* ja *Panchatantrasta*. Heille tulisi opettaa meditaatiota ja *japaa*, sekä heitä tulisi ohjata osallistumaan karmajoogaan tai *sevaan*, sillä nämä harjoitukset muodostavat perustan henkiselle elämälle.

Elämä avioliitossa

Suurin osa meistä haluaa itselleen puolison, varallisuutta, kuuluisuutta, mukavuuksia, omaisuutta, aistinautintoja ja lapsia. Näitä toiveita toteutetaan avioliitossa. Meidän tulisi silti jatkaa lapsuudessa oppimiamme henkisiä harjoituksia myös tässä elämänvaiheessa. Voimakkaita tunteita, kuten vihaa, ahneutta, itsekkyyttä, kateellisuutta ja seksuaalisia haluja tulisi alkaa vähitellen hallitsemaan ja vähentämään. Tämä tulee tehdä vähitellen, mutta ei niin vähitellen, että asialle ei tehdä mitään. Avioelämä on elämänvaihe, joka tarjoaa paljon mahdollisuuksia itsensä kehittämiseen. Ikävä kyllä emme näe nykyään paljoakaan tällaisia myönteisiä pyrkimyksiä, kun katsomme ympärillemme. Itsekkyys näyttää olevan kukkona tunkiolla!

Metsässä

Jos ihminen on ponnistellut ahkerasti puhdistaakseen mielensä kaikista sen heikkouksista ja kielteisistä ominaisuuksista, ja hän on ollut säännöllinen henkisissä harjoituksissaan, todellisen antaumuksen ja kiinnittymättömyyden tunteen tulisi kehittyä hänessä. Silloin hän on valmis "asumaan metsässä". Tämä on elämänvaihe, jossa ei olla kiinnostuneita maallisista asioista, ja jos mahdollista, asetutaan asumaan *ashramiin* tai vietetään kaikki mahdollinen aika henkisten harjoitusten parissa kotona asuen.

Amma: "Kun lapset ovat aikuistuneet ja pystyvät huolehtimaan itsestään, miehen ja vaimon tulisi muuttaa ashramiin voidakseen elää henkistä elämää ja edistyä henkisesti harjoittamalla meditaatiota, *japaa* ja pyyteetöntä palvelua. Jotta tällainen muutos olisi meissä mahdollinen, on henkisen elämän alusta alkaen tärkeää kasvattaa asennetta, jossa olemme kiinnittyneet voimallisesti vain Jumalaan. Ilman tällaista henkistä sitoutumista mieli takertuu ensin lapsiin, sitten lastenlapsiin ja niin edelleen. Tällainen takertuminen ei ole tarpeen sen enempää itsemme kuin lapsiemmekaan tähden. Elämämme menee hukkaan, jos sallimme takertumisemme jatkua. Jos sen sijaan vietämme elämäämme tehden henkisiä harjoituksia, henkinen voimamme auttaa sekä meitä että maailmaa. Sen vuoksi tulee opetella kääntämään mieli pois lukemattomista maallisista asioista ja suunnata se kohti Jumalaa. Kun täytämme vesisäiliön vedellä, vesi yltää kaikkiin hanoihin. Samalla tavoin keskittäessämme mielemme jatkuvasti Jumalaan, teimme sitten mitä tahansa työtä, kaikki perheenjäsenemme hyötyvät siitä. Elämän lopullisena päämääränä ei tulisi olla omaisuuden kerääminen lapsiamme ja perhettämme varten, vaan keskittyminen omaan henkiseen kehitykseemme."

Maailmasta luopuminen

Kun ihminen on vakuuttunut Jumalan olemassaolosta ja maailman harhanomaisesta luonteesta, kun hänen elämänjanonsa rajoittuu pelkkään elossa säilymiseen ja kun hän tahtoo palavasti oivaltaa Jumalan, on edessä täydellisen luopumisen vaihe, täydellinen riippuvuus Jumalasta ja täydellinen omistautuminen henkisyydelle. Tämä voi olla hänen sisäinen asenteensa tai se voi ilmetä myös ulkoisena luopumisena. Ihminen voi harjoittaa *atmanissa*, puhtaassa tietoisuudessa elämistä. Se on nyt hänen ainoa todellinen velvollisuutensa.

Meidän ei tulisi ajatella, että vain maailmasta luopuneet saavat osakseen Jumalan tai gurun armon. Armo tulee eri muodoissa sen mukaan, missä vaiheessa olemme ja mitä harjoitamme. Naimisissa oleva henkilö voi työskennellä armon eteen ja saada sen osakseen eri tavalla kuin munkki tai nunna.

Jumalan näkymättömät palvelijat

Tarina kertoo erakosta, joka asui kauan sitten pienessä luolassa korkealla vuorenrinteellä. Hän söi juuria ja tammenterhoja. Maanviljelijä lahjoitti hänelle leipää, ja eräs nainen, joka toivoi, että erakko rukoilisi hänen puolestaan, toi hänelle juustoa. Rukoilu ja Jumalan ajatteleminen olivat hänen työtään. Hän asui siellä neljäkymmentä vuotta saarnaten ihmisille, rukoillen heidän puolestaan, lohduttaen vaikeuksissa olevia ja ennen kaikkea palvoen sydämessään Jumalaa. Häntä kiinnosti vain yksi asia: sydämen puhdistaminen ja täydellistäminen niin, että siitä voisi tulla yksi Jumalan taivaallisen temppelin peruskivistä.

Kun neljäkymmentä kilvoittelun vuotta oli kulunut, hän halusi saada tietää, missä määrin hän oli edistynyt polullaan – miten Jumala näkisi asian. Hän rukoili, että hänelle näytettäisiin ihminen,

"jonka sielu taivaallisessa armossa
oli kasvanut samaan mittaan kuin hänen,
jonka aarre taivaallisella rannalla
ei voinut olla enempää eikä vähempää kuin hänen."

Kun hän rukoiltuaan kohotti katseensa, hänen edessään polulla seisoi enkeli valkoisessa viitassa. Erakko kumartui sanansaattajan eteen onnellisena tietäen, että hänen rukoukseensa oli vastattu.

"Mene lähimpään kaupunkiin", enkeli sanoi. "Tapaat siellä toriaukiolla ilveilijän, joka nauruttaa ihmisiä rahasta. Hän on ihminen, jota etsit: hänen sielunsa on kasvanut samaan mittaan kuin sinun. Hänen aarteensa taivaallisella rannalla ei ole sen enempää eikä vähempää kuin omasi."

Kun enkeli oli kadonnut näkyvistä, erakko kumarsi uudelleen, mutta tällä kertaa suuresti surullisena ja peloissaan. Oliko hänen neljänkymmenen vuoden rukoilunsa ollut suuri virhe, ja oliko hänen sielunsa tosiaankin samalla tasolla kuin pellen, joka ilveili torilla? Hän ei tiennyt mitä ajatella. Hän melkein toivoi, ettei löytäisi miestä ja voisi ajatella, että hänen enkeli-ilmestyksensä oli ollut pelkkää kuvittelua. Mutta kun hän saapui kylän torille pitkän ja uuvuttavan kävelymatkan jälkeen, hän näki siellä pellen tekemässä hassuja temppuja väkijoukolle.

Erakko seisoi katsellen häntä kauhistuneena ja suruissaan, sillä hän tunsi katsovansa omaa sieluaan. Kasvot, jotka hän näki, olivat laihat ja väsyneet, vaikka ne olivatkin hymyssä tai virneessä ihmisiä varten, mutta ne näyttivät erakosta surullisilta. Pian pelle huomasi erakon katseen, eikä voinut enää jatkaa temppujensa tekoa. Kun hän oli lopettanut temppunsa ja väki oli lähtenyt, erakko vei pellen syrjäiseen paikkaan, missä he saattoivat levähtää. Hän halusi palavasti tietää, millainen oli tämän miehen sielu, sillä hänen oma sielunsa oli samanlainen. Niinpä hän kysyi pelleltä, minkälaista hänen elämänsä oli ollut, ja millaista se oli nyt. Ilveilijä vastasi surullisena, että se oli juuri sellaista, miltä se näyttikin – elämä täynnä hupsuja temppuja, sillä hän ei tiennyt, miten hän muutenkaan olisi voinut ansaita elantonsa.

"Etkö sitten ole koskaan tehnyt mitään muuta?" erakko kysyi tuskaa tuntien.

Pelle painoi päänsä käsiinsä.

"Olen, pyhä isä. Olen tehnyt muutakin. Olin nimittäin varas! Kuuluin aiemmin pahimpaan vuoristorosvojen joukkioon, mikä on koskaan piinannut tätä maata, ja olin yhtä häijy kuin huonoimmat heistä."

Voi! Erakko tunsi sydämensä murtuvan. Tältäkö hän siis näytti Jumalan silmin – varkaalta, julmalta vuoristoryöväriltä? Hän pystyi tuskin puhumaan. Kyyneleet valuivat hänen vanhoista silmistään, mutta hän keräsi voimia kysyäkseen vielä yhden kysymyksen.

"Pyydän, että jos muistat tehneesi milloinkaan edes yhden hyvän teon, kerro se minulle." Hän ajatteli, että yksikin hyvä teko voisi säästää hänet äärimmäiseltä epätoivolta.

"Muistan minä yhden", pelle sanoi, "mutta se on niin pieni, ettei se ole kertomisen arvoinen. Elämäni on ollut arvoton."

"Kerro se minulle!" erakko anoi.

Ja mies kertoi:

"Kerran joukkiomme murtautui nunnaluostarin puutarhaan. Otimme yhden nunnista vangiksi myydäksemme hänet orjaksi tai vaatiaksemme hänestä lunnaita. Kuljetimme häntä pitkän ja vaikeakulkuisen matkan vuoristoleiriimme ja asetimme yövartijan hänen ovelleen. Avuton nunna rukoili surkeana, että päästäisimme hänet menemään. Rukoillessaan hän siirsi katseensa yhdestä kovanaamasta seuraavaan katsoen meitä luottavaisilla, vetoavilla silmillään aivan kuin ei olisi voinut uskoa, että kaikki miehet hänen edessään saattoivat olla todella pahoja. Isä, kun hänen silmänsä tavoittivat omani, jokin lävisti sydämeni! Tunsin sääliä ja häpeää ensimmäistä kertaa. Mutta pakotin kasvoni yhtä koviksi ja julmiksi kuin muidenkin ja nunna kääntyi toivottomana pois."

Pelle jatkoi kertomustaan:

"Kun oli pimeää ja hiljaista, livahdin kuin kissa paikkaan, missä pidimme häntä sidottuna. Laitoin käteni hänen ranteelleen ja kuiskasin: 'Luota minuun, vien sinut turvallisesti kotiin.' Leikkasin veitsellä hänen siteensä, ja hän katsoi minuun osoittaakseen, että hän luotti. Isä, vein hänet turvallisesti takaisin luostarin portille tuntemiani huonokuntoisia teitä pitkin, piilossa toisilta. Hän koputti porttiin, joka avattiin ja livahti sisään. Mennessään hän kääntyi ja sanoi: 'Jumala muistaa.'"

"Siinä kaikki. En voinut palata takaisin vanhaan huonoon elämääni, mutta en ollut koskaan oppinut ansaitsemaan elantoani rehellisesti. Niin minusta tuli ilveilijä, ja minun täytyy olla sellainen, kunnes kuolen."

"Ei! Ei, poikani!" erakko sanoi itkien, ja tällä kertaa hänen kyyneleensä olivat ilon kyyneleitä. "Jumala muistaa sinut. Hän näkee sielusi samanlaisena kuin omani, joka on rukoillut ja saarnannut neljäkymmentä vuotta. Aarre odottaa sinua taivaallisella rannalla niin kuin minuakin."

"Samanlaisena kuin sinun sielusi? Isä, teet minusta pilkkaa!" ilveilijä sanoi.

Mutta kun erakko kertoi hänelle rukouksestaan ja enkelin vastauksesta, ilveilijäparan olemus täyttyi ilosta, sillä hän tiesi, että hänen syntinsä oli annettu anteeksi. Ja kun erakko palasi kotivuorelleen, ilveilijä seurasi häntä. Niin myös hänestä tuli erakko, ja hän vietti aikansa ylistäen ja rukoillen.

He elivät yhdessä työskennellen ja auttaen köyhiä. Ja kun mies, joka oli ollut ilveilijä, kahden vuoden päästä kuoli, erakosta tuntui, että hän oli menettänyt veljen, joka oli ollut pyhempi kuin hän itse.

Erakko eli vuoristomajassaan vielä kymmenen vuotta ajatellen Jumalaa, paastoten ja rukoillen, eikä hän milloinkaan tehnyt mitään väärää. Sitten eräänä päivänä hänessä heräsi jälleen halu saada tietää, miten hän oli edistynyt ja hän rukoili taas, että hän saisi tavata itsensä kaltaisen olennon.

Jälleen hänen rukoukseensa vastattiin. Enkeli tuli hänen luokseen ja kehotti häntä menemään vuoren toisella puolella olevan kylän pienelle maatilalle, jossa asui kaksi naista. Sieltä hän löytäisi kaksi sielua, jotka Jumala näki samanlaisena kuin hänen oman sielunsa.

Kun erakko saapui maatilan portille, siellä asuvat kaksi naista ilahtuivat suuresti nähdessään hänet, koska kaikki rakastivat ja kunnioittivat häntä. He antoivat hänelle tuolin, jolla hän sai istua kuistilla ja toivat hänelle ruokaa ja juomaa. Mutta erakko ei malttanut odottaa. Hän halusi saada tietää, minkälaisia olivat näiden kahden naisen sielut, sillä heidän ulkonäöstään hän kykeni näkemään vain sen, että he olivat lempeitä ja rehellisiä. Toinen heistä oli vanha ja toinen keski-ikäinen.

Hän kyseli naisilta heidän elämästään, ja he kertoivat, että he olivat aina tehneet lujasti töitä yhdessä miestensä kanssa pelloilla ja sisällä talossa, ja että heillä oli paljon lapsia. He olivat kokeneet kovia aikoja, sairautta ja surua, mutta he eivät olleet milloinkaan vaipuneet epätoivoon.

"Mutta entä hyvät tekonne?" kysyi erakko. "Mitä olette tehneet Jumalalle?"

"Hyvin vähän", he sanoivat surullisina, sillä he olivat niin köyhiä, että eivät voineet antaa toisille paljoakaan. Tosin kaksi kertaa vuodessa, kun he tappoivat lampaan ruoaksi, he antoivat puolet siitä köyhemmille naapureilleen.

"Se on oikein hyvä teko", erakko sanoi. "Oletteko tehneet mitään muita hyviä tekoja?"

"Emme", vanhempi nainen sanoi, "ellei... ellei sitä sitten voisi kutsua hyväksi teoksi..." Hän katsoi nuorempaa naista, joka hymyili hänelle vastaukseksi.

"Mitä?" kysyi erakko.

Nainen epäröi, mutta lopulta hän sanoi arasti: "Ei ole paljoakaan kerrottavaa, Isä, vain tämä. Siitä on nyt kaksikymmentä vuotta, kun kälyni ja minä aloimme elää yhdessä tässä talossa. Olemme kasvattaneet perheemme täällä ja kaikkien näiden kahdenkymmenen vuoden aikana emme ole milloinkaan lausuneet poikkipuolista sanaa toisillemme tai katsoneet toisiamme epäystävällisesti."

Erakko painoi päänsä näiden kahden naisen edessä ja kiitti heitä sydämestään.

"Jos sieluni on samanlainen", hän sanoi, "olen todellakin siunattu."

Silloin valo täytti erakon mielen ja hän ymmärsi, kuinka monin tavoin on mahdollista palvella Jumalaa. Jotkut palvelevat Häntä ashramissa, temppelissä tai erakkomajassa ylistäen ja rukoillen. Toiset sielut, jotka ovat olleet pahoja, kääntyvät surullisina pois pahuudestaan ja palvelevat Häntä katuen. Toiset elävät uskollista ja lempeää elämää pienissä vaatimattomissa asunnoissa tehden työtä, kasvattaen lapsia, ystävällisinä ja iloisina. Jotkut sietävät kärsivällisesti kipua Hänen tähtensä. On loputtomasti erilaisia teitä, jotka yksin Taivaallinen Olento näkee.

Ja kun erakko kapusi jälleen vuorelleen ja tähdenkaltaiset valot tuikkivat kaukaisten mökkien ikkunoissa, hän ajatteli: "Kuinka paljon maailmassa onkaan näkymättömissä olevia Jumalan palvelijoita!"

9. luku

Luopumisen tarve

Na karmana na prajaya dhanena
tyagenaike amrita tvamanasuh
parena nakam nihitam guhayam
vibhrajate yadyatayo visanti

Kuolemattomuutta ei saavuteta teoilla
eikä hankkimalla jälkikasvua tai rikkauksia,
se saavutetaan ainoastaan luopumalla.
Korkein tila on kaukana taivaankin tuolla puolen
ja tietäjät löytävät sen sydämestään,
missä se loistaa kirkkaana.

Mahanarayanopanisad 4.12

Amma puhuu usein luopumisen merkityksestä ja tarpeellisuudesta. Emme yleensä ajattele, että luopuminen olisi keino saavuttaa onnellisuus. Näemme sen pikemminkin jonkinlaisena kidutuksena, rangaistuksena tai kärsimyksenä, masentavana asiana. Mutta Amma sanoo, että sen arvo on sen lahjoittamassa kestävässä onnellisuudessa. Useimmat ajattelevat, että saamme onnea siitä, mikä tuottaa mielellemme ja aisteillemme nautintoa. Ja se on osin totta. Mutta Amma sanoo, että meidän ei tulisi tyytyä tällaiseen rajoittuneeseen onneen, joka muuttuu pian. Miksi emme pyrkisi sellaiseen mielihyvään, joka johtaa pysyvään tyytyväisyyden tunteeseen? Miksi tavoitella vain lusikallista hunajaa sen sijaan, että etsisimme hunajavaltamerta? Kaikkien henkisten perinteiden viisaat, jotka ovat kokeneet ykseyden Jumalan kanssa, ovat yhtä mieltä siitä, että sisällämme on autuuden valtameri. Emme ole tietoisia siitä tällä hetkellä. Pyrkikäämme saamaan siitä kokemus henkisten harjoitusten avulla ja onnellisuus ja rauha tulevat olemaan meidän – onnellisuus, jota kukaan tai mikään ei voi ottaa meiltä pois.

Anandaa, onnellisuutta, on eriasteista. On olemassa inhimillistä onnea, taivaallisten maailmojen hienovirritteisempää ja korkeampaa onnea ja sitten on olemassa *brahmanandaa*, jumalallista autuutta. Yksin *brahmananda*, jumalallinen autuus, joka on kaikin tavoin korkein onnen muoto, kestää ikuisesti. Sen saavuttanut saa levätä täyttymyksen tunteessa. Lintu voi lentää todella pitkään. Jotkut linnut lentävät tuhansia kilometrejä lepäämättä välillä, mutta lopulta niiden on palattava maan pinnalle. Samalla tavoin me voimme vaeltaa ympäri luomakuntaa lukuisten elämien ajan etsien onnea, mutta lopulta meidän on palattava takaisin kotiin – meidän on palattava oman alkulähteemme lujalle maaperälle, *atmaniin* tai Jumalaan.

Amma tarkoittaa luopumisella asteittain tapahtuvaa mielen ja aistien vetämistä pois maallisista kohteista ja huomion kiinnittämistä alati muuttuvan maailman takana olevaan muuttumattomaan todellisuuteen, Jumalaan, jumalalliseen autuuteen, tietoisuutemme alkulähteeseen. Jumala ei ole vanha valkopartainen mies, joka asuu taivaassa ja pitää sormeaan iske-nappulalla valmiina rankaisemaan meitä. Jumala on autuuden sisin olemus, äärettömän laaja tietoisuuden valtameri, yksilöllisen mielen tuolla puolen.

Luopuminen tarkoittaa sitä, että luovumme siitä, mikä on meille henkisessä mielessä vahingollista. Opetellessamme luopumaan havaitsemme, että koko olemassaolomme, kasvatuksemme ja jokapäiväinen elämämme ovat opettaneet meille päinvastaista suhtautumistapaa. Seuratessamme maallisen onnen polkuja, meissä kehittyy monia kielteisiä ja tuhoavia luonteenpiirteitä, kuten ylpeyttä, itsekkyyttä, vihaa, kärsimättömyyttä ja ahneutta. Käytämme näitä ominaisuuksia pyrkiessämme onneen, mutta todellisuudessa ne tekevät meistä ja muista onnettomia. Tämä on *mayan* merkillinen tapa toimia.

Useimmat meistä eivät voi ryhtyä harjoittamaan luopumista yhtäkkiä täydestä sydämestä. Tätä taitoa tulee kehittää vähitellen. Jotkut aviparit kokevat syyllisyyden tunnetta siitä, että he tavoittelevat maallisia asioita ja nauttivat elämän antimista, samalla kun Amma painottaa luopumisen tärkeyttä. Amma sanookin, että *grihastashramin*, perheellisen tulee nauttia siitä, mitä maailmalla on tarjottavana. Aluksi hänen tulee pyrkiä olemaan niin tyytyväinen kuin vain on mahdollista maallisessa elämässään. Sen jälkeen hänen tulee ryhtyä harjoittamaan asteittain luopumista. Ja lopulta hänen tulee pyrkiä näkemään ja ymmärtämään nautinnon kielteinen puoli samalla, kun hän kehittää itsessään antaumuksellista rakkautta. Tämä onnistuu parhaiten hakeutumalla *mahatmojen*, suurten sielujen, seuraan ja lukemalla pyhiä kirjoja, kuten *Bhagavad- Gitaa* ja *Srimad Bhagavatamia*. Hänen tulee pohtia sitä, mikä on ihmiselämän todellinen päämäärä. Täydellinen luopuminen saavutetaan vasta sitten, kun mieli elää jumalallisessa tietoisuudessa.

Fyysinen luopuminen ei ole kaikkia varten. Se tulee aikanaan mahdolliseksi joillekuille meistä. Voiko kuka tahansa pakottaa itsensä luopumaan? Oppilaan mielessä tulee kehittyä voimakas takertumattomuuden tunne kaikkea ja kaikkia kohtaan. Maalliset nautinnot ja kaikki maallinen alkaa tuntua hänestä tyhjältä ja merkityksettömältä, häiritsevältä, arvokkaan ajan ja elämän tuhlaukselta. Hän oppii näkemään maallisen elämän ja itsekkyyden pinnallisuuden. Maallinen ympäristö tuntuu hänestä sietämättömältä ja tyhjältä, aivan kuin syvältä kuilulta. Jumalallisen autuuden saavuttaminen ja vapautuminen elämän ja jälleensyntymisen kiertokulusta alkaa tuntua hänestä ensiarvoisen tärkeältä asialta, ja siitä tulee hänen elämänsä ensisijainen päämäärä.

Jotkut ihmiset luopuvat inhon puuskassa maailmasta johtuen maallisen elämän synnyttämästä tuskasta, pettymyksestä ja sekamelskasta. He saattavat jopa jättää perheensä ja työnsä ja muuttaa johonkin pyhään tai luonnonkauniiseen paikkaan, tai he saattavat lähteä pyhiinvaellusmatkalle, mutta ennemmin tai myöhemmin he alkavat kaivata vanhaa elämäänsä ja palaavat kotiinsa. He saattavat myös aloittaa maallisen elämän jälleen hieman eri tavoin kuin aiemmin.

On olemassa myös sellainen maailmasta luopuminen, jota kutsutaan *smasana-vairagyaksi*, hautausmaaluopumiseksi. Se syntyy, kun osallistumme hautajaisiin tai ruumiin tuhkaukseen, näemme kuolleen tai olemme itse lähellä kuolemaa. Ymmärrämme, että meidän oma ruumiimme tulee kohtaaman aikanaan saman kohtalon. Alamme suhtautua elämään filosofisemmin ja koemme suurempaa takertumattomuutta arjessamme. Tällaiset kokemukset saavat meidät harkitsemaan astumista vakavammin henkiselle polulle, mutta kun palaamme kotiin ja uppoudumme jälleen arkisiin askareisiin, nämä ajatukset unohtuvat.

Amma päättää omien oppilaittensa kohdalla, sopiiko luopuminen heille vai ei. Hän näkee pidemmälle kuin mihin me itse kykenemme. Meidän on parasta kysyä hänen neuvoaan tällaisissa asioissa. Meidän on itse vaikea tietää, olemmeko niin takertumattomia, että kykenemme elämään tällaista elämää. Amma viitoittaa itsekullekin sopivan tien ja kertoo, onko meidän syytä tehdä elämässämme muutoksia.

Vanukkaasta pitävä munkki

Eräs swami oli alkanut elää maailmasta luopuneen munkin elämää saamatta siihen gurunsa siunausta. Hän söi ravinnokseen hedelmiä ja juureksia syrjäisessä metsämajassa. Ashram, jossa hän asui, sijaitsi lähellä kylää, ja niinpä kylän lapset tulivat usein sinne leikkimään. Eräänä päivänä hän kuuli lasten huutavan ja riitelevän, jolloin hän meni ulos katsomaan mistä oli kyse. Veljekset riitelivät siitä, että vanhempi veljistä oli syönyt edellisenä päivänä *payasam*-jälkiruoan yksin, eikä ollut jakanut sitä nuoremman veljensä kanssa. Kuullessaan sanan *payasam,* sadhun mielessä heräsi halu syödä *payasamia*. Hän siirtyi ajatuksissaan kolmekymmentä vuotta taaksepäin aikaan, jolloin hän asui yhä perheensä parissa ja söi säännöllisesti *payasamia* ja kaikkea muutakin, mitä vain halusi.

Hän ajatteli, "Mistä voin saada *payasamia*? Ei ole soveliasta mennä takaisin kotiin näin monen vuoden jälkeen. Minussa saattaa jälleen syntyä halu elää siellä, mikä saattaa johtaa erilaisiin hankaluuksiin. Jospa kiertelen sen sijaan kylässä kerjäämässä muutamista taloista. Ehkäpä jossakin niistä on *payasamia* ja saan sitä hieman syödäkseni".

Kaikki nämä vuodet sadhu oli elänyt metsän antimilla välttääkseen kohtaamasta kyläläisiä. Nyt hän päätti lähteä kylille. Hän lähti illalla matkaan, mutta eksyi. Hän joutui vaeltamaan metsässä aamuun saakka. Lopulta hän kuuli puhetta ja suuntasi kulkunsa sitä kohden. Hän kysyi paikalla olleilta ihmisiltä tietä kylään, mutta yllättyi suuresti kuullessaan heidän sanovan: "Tuossa on etsimämme varas, joka on naamioitunut sadhuksi! Ottakaa hänet kiinni!"

He tarttuivat häneen, mukiloivat hänet ja veivät hänet poliisiasemalle. Poliisi uhkasi kiduttaa häntä, jos hän ei kertoisi missä varastetut tavarat olivat. Koko kylä tuli paikalle katsomaan sadhuksi naamioitunutta varasta. Sadhu tärisi pelosta ja rukoili Jumalaa pelastamaan hänet. Hänellä ei ollut aavistustakaan siitä, mitä oli tapahtumassa. Samassa eräs *mahatma* sattui kävelemään ohi. Hän oli palaamassa joelta, missä hän oli peseytynyt. Hän ymmärsi heti, mitä oli tapahtunut ja sanoi poliiseille:

"Olette pidättäneet väärän miehen. Hän on vain viaton sadhu, joka asuu metsässä kymmenen kilometrin päässä täältä.

Oikea varas on saatu kiinni, ja hänet on pidätetty. Vapauttakaa tämä mies, antakaa hänelle hieman *payasamia* ja päästäkää hänet palaamaan takaisin ashramiinsa."

Kaupungin väki tunsi *mahatman* hyvin ja vapautti sen tähden sadhun, joka kumartui nyt *mahatman* jalkojen juureen puhjeten kyyneliin. Hän suri nyt itsekurin puutettaan ja palasi metsämajaansa. Mielihalujen toteuttaminen johtaa aina hankaluuksiin, etenkin jos kyseessä on sadhu tai maailmasta luopunut, jolla ei ole gurua.

Elämä tässä maailmassa on henkistä koulunkäyntiä. Suoritamme eritasoisia luokkia ja vastaanotamme erilaisia opetuksia. Koska maailma on koulu, meidän ei tule jäädä asumaan tänne ikuisiksi ajoiksi. Meidän tulisi pyrkiä valmistumaan astuaksemme todelliseen maailmaan, Jumalan maailmaan, jumalallisen autuuden maailmaan. Harjoittakaamme takertumattomuutta jokapäiväisessä elämässämme kaikin mahdollisin tavoin ja siinä määrin kuin se on meille mahdollista, sopusoinnussa Amman ohjeiden kanssa. Vaikka hylkäisimmekin kotimme, sama mieli seuraa meitä yhä. Emme voi päästä siitä eroon muuten kuin luopumalla ajatuksistamme.

10. luku

Vasanat, kielteiset ominaisuudet

Amma sanoo, että ihmiselämän todellinen päämäärä on kokea ykseys Luojan, Jumalan kanssa. Voidaksemme kokea sen, meidän tulee puhdistaa mielemme henkisillä harjoituksilla. Levoton mieli on puhdistettava ajatuksista ja tunteista, jolloin siitä tulee tyyni kuin valtameri, jossa ei ole aaltoja. *Sadhakoina*, henkisinä oppilaina, pyrimme puhdistumisen kautta vähentämään ajatuksiamme, jotta piilossa oleva totuus voisi ilmetä meissä. Lampi saattaa olla levän peittämä, mutta kun levä poistetaan, voimme jälleen nähdä veden. Samalla tavoin *atman*, Itse, on tällä hetkellä sekä heikkojen että voimakkaiden ajatusten peitossa. Voimme kokea Itsen vain vähentämällä ajatuksiamme.

Amma sanoo:

"Kun toistamme *mantroja* vilpittömästi ja antaumuksella, saavutamme mielenrauhaa ja levollisuutta. Tämä vähentää ajatustemme määrää. Kun ajatusten määrä vähenee, mielenrauhamme syvenee. Liiallinen määrä ajatuksia synnyttää mieleemme jännittyneisyyttä ja levottomuutta, mikä puolestaan nostaa esiin kaikenlaisia kielteisiä taipumuksia, kuten himoa, vihaa, kateutta, ahneutta ja niin edelleen. Kun toistamme mantroja keskittyneesti, se auttaa meitä hyväksymään elämän miellyttävät ja tuskalliset kokemukset Jumalan tahtona ja siunauksena. Tämä ei ole mahdollista, jos rukoilemme vain saadaksemme halumme toteutettua. Sellainen vain lisää surua ja pettymyksiä elämässämme. Kaikkein tärkeintä on mielenrauha."

Voidaksemme vähentää ajatuksiamme meidän tulee meditaation avulla tulla tietoisiksi omasta mielestämme. Tällöin huomiomme suuntautuu ulkoisten asioiden sijasta sisäänpäin, omaan mieleemme. Mieli koostuu tavanomaisesta alemman tason ajatusvirrasta tai mielen puheliaisuudesta sekä voimakkaista ajatuksista ja tunteista, jotka saattavat yllyttää meitä toimimaan ja synnyttävät joko onnen tunteita tai kärsimystä. Mielen vaate on kudottu tällaisista langoista. Näitä mielen tottumuksia kutsutaan *vasanoiksi*. Ne saavat meidät puhumaan, toimimaan ja vajoamaan *karman* mereen, joka on luonteeltaan milloin miellyttävä, milloin tuskallinen.

Kolme luonnonvoimaa

Jotkut ajatukset ja tunteet rauhoittavat mieltämme. Toiset tekevät mielestämme levottoman. Ajatukset, jotka rauhoittavat mieltämme, ovat luonteeltaan *sattvisia*, puhtaita. Ajatukset, jotka häiritsevät meitä ja saavat meidät kärsimään, ovat *rajasisia*, intohimoon perustuvia. Kolmannet ajatukset ovat *tamasisia*, sisäistä pimeyttämme lisääviä. Maailmankaikkeus koostuu näistä kolmesta *gunasta* eli luonnonvoimasta.

Krishna sanoo:

> "Kun tietoisuuden valo loistaa ruumiin kaikkien porttien kautta, tiedä, että silloin puhtauden voima (*sattva*) hallitsee.
>
> Ahneus, toimeliaisuus, levottomuus ja erilaiset halut syntyvät intohimon voiman (*rajas*) vallitessa, oi Bharatojen herra.
>
> Tietämättömyys, velttous, huolimattomuus ja hämmennys ilmenevät silloin, kun pimeyden voima (*tamas*) vallitsee, oi Kurujen ilo.

Kun ruumiillistunut jättää ruumiinsa puhtauden tilassa, hän saavuttaa puhtaan maailman, missä asuvat he, jotka tuntevat Korkeimman.

Hän, joka jättää ruumiinsa intohimon vallassa, syntyy niiden joukkoon, jotka ovat kiintyneet toimintaan. Mutta jos hän kuolee pahan voiman vallassa, hän syntyy harhassa elävän kohtuun.

Puhtaan toiminnan hedelmä on tahraton ja hyvä. Mutta intohimoon pohjautuvan toiminnan hedelmä on kärsimys ja pahan toiminnan hedelmä on tietämättömyys.

Puhtaus johtaa viisauteen, intohimo halujen lisääntymiseen ja paha epäilyksiin, harhoihin ja tietämättömyyteen.

Ne, jotka oleilevat puhtauden tilassa, kohoavat ylöspäin. Intohimoiset oleilevat keskellä, ja pahan vallassa olevat liukuvat alaspäin.

Kun ruumiillistunut ylittää nämä kolme voimaa, jotka ovat luoneet ruumiin, se on vapaa syntymästä ja kuolemasta, vanhuudesta ja tuskasta. Tällainen olento saavuttaa kuolemattomuuden ja kokee autuutta."

Bhagavad-Gita XIV:11–18, 20

Alla on lista niistä luonteenpiirteistä, jotka syntyvät kolmesta *gunasta*, luonnonvoimasta. Tutustumalla niihin voimme ymmärtää oman asemamme suhteessa näihin luonnonvoimiin ja energioihin ja sen, mihin meidän on seuraavaksi pyrittävä.

Sattva:

Kärsivällisyys, iloisuus, tyytyväisyys, puhtaus, usko, anteliaisuus, anteeksiantavaisuus, mielenrauha, hyväntahtoisuus, tyyneys, totuudellisuus, lempeys, vaatimattomuus, rauhallisuus, yksinkertaisuus, intohimottomuus, pelottomuus, toisten huomioon ottaminen ja myötätuntoisuus kaikkia olentoja kohtaan.

Rajas:

Ylpeys hyvästä ulkonäöstä, vaikutusvallan osoittaminen, riitaisuus, saituus, myötätunnon puute, menestyksen ja kärsimyksen näyttävä esille tuominen, mielihyvän kokeminen pahan puhumisesta, kiistely, ylimielisyys, epäkohteliaisuus, huolestuneisuus, vihamielisyys, surullisuus, toisten ansioiden omiminen itselleen, häpeämättömyys, kieroutuneisuus, karkeus, himokkuus, raivo, ylpeys, oman ylivertaisuuden vakuuttaminen, ilkeys ja toisten herjaaminen.

Tamas:

Ajattelemattomuus, laiskuus, velttous, toimettomuus, erehtyminen, epävakaus, sivistymättömyys ja rahvaanomaisuus, uppiniskaisuus, petollisuus, inhottavuus, saamattomuus, viivytteleminen.

Voitamme itsessämme olevan *tamasisuuden rajaksella*. *Rajaksen* puolestaan voitamme ylevöittämällä sen *sattvalla*. Lopulta meidän tulee tyynnyttää mielemme niin, että vapaudumme mielen ominaisuuksista, jolloin jäljelle jää vain puhdas tietoisuus, Itse, autuus.

Siunattu Herra (Krishna) sanoo:

"Tämä jumalallinen harhani koostuu luonnon kolmesta eri harhavoimasta. Sitä on vaikea ylittää, paitsi niiden, jotka turvautuvat alati minuun."

Bhagavad-Gita VII:4

Tämä edellyttää ahkeraa ponnistelua. Taistelua mielen puhdistamiseksi kutsutaan *tapasiksi,* itsekurin harjoittamiseksi. Muuta keinoa ei ole. Jokaisen elävän olennon on käytävä tämä kamppailu ennemmin tai myöhemmin ja tultava riittävän vahvaksi saadakseen mielensä täydellisesti hallintaansa. Jos emme kilvoittele kehittyäksemme, *vasanamme,* kielteiset ominaisuutemme nielaisevat meidät aiheuttaen meille paljon kärsimystä elämä elämän jälkeen.

"Kohottakoon ihminen itsensä itsensä avulla, älköön hän alentako itseään; sillä, vain yksin hän on itsensä ystävä, vain yksin hän on itsensä vihollinen.

Se, joka on voittanut itsensä, on ystävä itselleen. Mutta se, joka ei ole voittanut itseään, on itse itsensä vihollinen."

Bhagavad-Gita VI:5–6

Perhonen

Eräs opiskelija löysi perhosen kotelon ja toi sen biologian laboratorion yhteydessä olevaan huoneeseen. Opettaja laittoi sen akvaarioon, jonka lamppu piti kotelon lämpimänä. Viikon kuluttua kotelon alapintaan ilmaantui pieni aukko.

Opiskelijat seurasivat, kun kotelo alkoi täristä. Samassa näkyviin ilmaantuivat pienet tuntosarvet, sen jälkeen pää ja pienet etujalat. Opiskelijat kiirehtivät aina välitunneilla laboratorioon voidakseen seurata kuoriutumisen edistymistä. Lounaaseen mennessä perhonen oli kamppaillut vapaaksi voimattomat siipensä, joiden väri kertoi, että se oli monarkkiperhonen. Se liikahteli, tärisi ja ponnisteli, mutta vaikutti siltä, että se oli juuttunut kiinni. Vaikka perhonen kuinka yritti, näytti siltä että se ei pystyisi tunkeutumaan pienen aukon lävitse kotelosta vapauteen.

Lopulta yksi oppilaista päätti auttaa perhosen pälkähästä. Hän otti pöydältä sakset ja leikkasi kotelon aukon kohdalta halki. Hyönteinen keikahti ulos. Etuosa näytti perhoselta, jonka siivet olivat voimattomat ja takaosa, joka oli juuri vapautunut kotelosta, oli turvoksissa. Se ei mitenkään voisi lentää pienillä siiventyngillään. Se ryömi aikansa ympäri akvaariota raahaten siipiään ja turvonnutta kehoaan, ja kuoli pian.

Biologian opettaja kertoi heille seuraavana päivänä, että perhosen täytyy kamppailla tiensä pois ahtaasta kotelostaan, sillä siten se puristaa turvoksissa olevan ruumiin nesteet siipiin. Tällöin siivet vahvistuvat niin, että se kykenee lentämään. Ilman kamppailua sen siivet eivät kehity, jolloin perhonen ei kykene lentämään. Aivan niin kuin tämä perhonen, mekään emme voi kehittyä ilman ponnistelua.

Henkisyydelle omistettu elämä saattaa tuntua toisinaan lannistavalta. Amma sanoo kuitenkin, että kun kaadumme, meidän ei tule jäädä makaamaan maahan vaan nousta ylös ja jatkaa kulkuamme. Kaatuminen ei ole niinkään olennaista, vaan jatkuva yrittäminen.

Thomas Edisonin koe

Moni meistä on kuullut Thomas Edisonin kokeesta. Hän kokeili kahtatuhatta erilaista materiaalia etsiessään hehkulankaa sähkölamppuun. Kun mikään niistä ei toiminut riittävän hyvin, hänen avustajansa valitti:

"Koko työmme on ollut turhaa. Emme ole oppineet mitään."

Edison vastasi rauhallisesti:

"Olemme kulkeneet pitkän matkan ja oppineet paljon. Tiedämme nyt kaksituhatta materiaalia, joita ei voi käyttää hyvän hehkulampun tekemiseen."

Amma sanoo, että vain guru voi poistaa *vasanamme* lopullisesti. Tämä tarkoittaa sitä, että voimme edistyä oman ponnistelumme avulla vain tiettyyn rajaan asti. Sen jälkeen guru paljastaa meille armossaan tuonpuoleisen totuuden tai nostaa esiin mielemme syvyyksistä kaiken kielteisyyden nähtäväksemme ja puhdistettavaksi. Meidän on tultava tietoiseksi kaikesta talossa olevasta epäjärjestyksestä, jotta voimme siivota sen. Meidän on siivottava mielemme perusteellisesti. Useimmat meistä ovat melko sokeita oman mielensä suhteen. Näemme kyllä toisissa ne piirteet, joita pidämme puutteina, mutta olemme autuaallisen tietämättömiä omista kielteisistä ominaisuuksistamme.

Jeesus sanoi: "Kuinka näet rikan veljesi silmässä, mutta et huomaa malkaa omassa silmässäsi."[2]

Miten guru toimii? Amma sanoo:

"Guru asettaa oppilaan tielle vastoinkäymisiä ja vaikeuksia. Oppilaan tulee ylittää ne voimallisen *sadhanan*, henkisten harjoitusten, avulla. Henkisyys ei ole laiskoja varten. Hienovaraisella tasolla olevat vaikeudet ovat paljon vaikeampia kuin ulkoisen maailman kärsimykset. Mutta hänellä, joka omistaa elämänsä *satgurulle*, valaistuneelle mestarille, ei ole mitään pelättävää."

"Guru koettelee oppilastaan eri tavoin. Vain lujalla päättäväisyydellä varustettu oppilas voi kestää nuo koettelemukset ja edistyä henkisellä polulla. Mutta kun koettelemukset on läpäisty, gurun ääretön armo virtaa oppilaaseen esteettä. Kaikki mitä guru tekee, on oppilaan edistymiseksi henkisellä polulla. Hän ei voi toimia toisin. Amma puhuu tässä *satgurusta*, todellisesta opettajasta, ei jokaisesta, joka nimittää itseään guruksi. Todellinen henkinen mestari voi toisinaan käyttäytyä vaikeasti ymmärrettävällä tavalla. Hän saattaa suuttua oppilaalle ilman mitään erityistä syytä ja ojentaa häntä virheestä, jota tämä ei ole tehnyt. Tuo näennäisen outo käytös ei johdu siitä, että hän olisi vihainen oppilaalle.

---

2 Luuk. 6:41.

Kyse on siitä, että mestari opettaa hänelle antautumista, kärsivällisyyttä ja hyväksyntää."

Pinnalle nousevien *vasanoiden* hyökyaallolle ei näytä tulevan loppua. Emme voi tyydyttää halujamme heittäytymällä toteuttamaan niitä. Ne juurtuvat meissä yhä vain syvemmälle toteuttaessamme niitä aina vain uudelleen. Jos piirrämme kynällä paperille viivan yhden kerran, meidän on helppo poistaa se pyyhekumilla, mutta jos piirrämme viivan samaan kohtaan useita kertoja, pois pyyhkiminen tulee aina vain vaikeammaksi. Tietty määrä maallisia nautintoja ja kokemuksia auttaa meitä tyydyttämään halujamme ja tottumuksiamme, mutta meidän on samalla muistettava, että vain itsekurin ja erottelukyvyn harjoittaminen todellisen ja todelliselta vaikuttavan (mutta itse asiassa kuvitellun) välillä, voi poistaa ne täydellisesti. Guru voi antaa vilpittömälle oppilaalleen jonkin verran liikkumavapautta, tämän pyrkiessä vähentämään *vasanoitaan*. Samalla hän kuitenkin tietää, milloin tälle kehityssuunalle on laitettava piste, jotta oppilas voisi kehittyä edelleen. *Maya*, harha, saa aikaan sen, että meidän on mahdotonta itse ymmärtää omaa tilaamme.

Gurun rakkaus

"Mestari, vaikka yritän kuinka hillitä mieltäni, se vaeltaa silti kohti maallisia nautintoja. Ajattelen usein, että lähden luotasi kertomatta siitä sinulle, mutta rakkauteni sinua kohtaan estää minua toteuttamasta tällaista kiittämätöntä tekoa. Herrani, mitä minun tulisi tehdä? Pyydän, opasta minua."

Oppilas vetosi tällä tavoin mestariinsa. Oli kulunut vain kuukausi siitä, kun hän oli tullut gurunsa ashramiin.

"Lapseni, olen seurannut ankaraa sisäistä kamppailuasi. Syvään juurtuneita mielihaluja on vaikea voittaa. Älä pelkää. Elä perheellisen elämää jonkin aikaa ja tyydytä voimallisia mielihalujasi. Keskitä mielesi kaiken aikaa Jumalan lootusjalkoihin. Älä kadota milloinkaan päämäärää näkyvistäsi. Palaa luokseni kymmenen vuoden kuluttua, mutta älä viivy tätä pidempään poissa."

Oppilas lähti gurunsa luota. Hän palasi kotikaupunkiinsa, meni naimisiin ja asettui elämään perhe-elämää. Hän oli palvellut koko sydämellään ja sielullaan mestariaan, ja näin hän oli ansainnut gurunsa armon. Menestys odotti nyt häntä. Pian hän oli yksi kaupungin rikkaimmista miehistä, jolla oli rakastava vaimo ja ihania lapsia.

Kului kymmenen vuotta.

Eräänä päivänä kerjäläismunkki seisoi hänen talonsa edustalla. Nähdessään hänen epäsiistin olemuksensa lapset juoksivat peloissaan sisälle. Hänen vaimonsa ryhtyi haukkumaan *sadhua*, kerjäläismunkkia, joka seisoi hievahtamatta haluten nähdä talon isännän. Samassa aviomies tunnisti gurunsa. Hän tervehti kunnioittavasti vanhaa mestariaan tarjoten hänelle tuolin.

"No niin, kymmenen vuotta on kulunut. Oletko saanut halusi tyydytettyä?"

"Olen nauttinut kaikesta, mitä maailma voi tarjota, *gurudev*. Olisin voinut lähteä täältä ja palata takaisin ashramiin, mutta kuinka voisin jättää pienokaiseni vaille huolenpitoa? Pyydän, anna minun viipyä vielä muutamia vuosia, kouluttaa heidät nähdäkseni, että he pääsevät alkuun elämässään. Sitten palaan varmuudella luoksesi."

Kului toiset kymmenen vuotta.

Tällä kertaa sadhu kohtasi ikääntyneen miehen, jonka vaimo oli kuollut. Hänen poikansa olivat nyt nuoria miehiä, joilla oli omat perheet.

"Rakas guruni", hän sanoi, "on totta, että olen täyttänyt velvollisuuteni perheellisen elämässä. Kaikki lapseni ovat nyt aikuisia, ja he menestyvät elämässään. He ovat kuitenkin nuoria ja elämän nautinnot ohjaavat heidän elämäänsä. Heillä ei ole vastuuntuntoa. Jos jättäisin heidät, he saattaisivat tuhlata isänsä kovalla työllä hankkiman omaisuuden ja joutua näkemään nälkää. Minun on suunniteltava heidän perheidensä talous ja ohjattava heidän toimintaansa. Pyydän, anna minun jäädä tänne vielä muutamaksi vuodeksi, kunnes he saavuttavat kypsyyden ja kykenevät kantamaan vastuun omasta taloudestaan. Sitten lähden täältä varmuudella ja liityn ashramiin."

Kului seitsemän vuotta.

Guru palasi tapaamaan oppilastaan. Porttia vartioi nyt suurikokoinen koira. Guru tunnisti sen: se oli hänen oppilaansa. Hän meni sisälle taloon ja sai kuulla, että hänen oppilaansa oli kuollut pari vuotta aiemmin. Hänen kiintymyksensä perheeseensä oli kuitenkin niin voimakas, että hän oli syntynyt koiraksi vartioidakseen taloaan ja lapsiaan. Guru puhutteli nyt koiran sielua:

"Lapseni, oletko nyt valmis seuraamaan minua?"

"Varmaan parin vuoden päästä, guruni", koira vastasi. "Lapseni ovat nyt hyvän onnensa ja yltäkylläisyytensä kukkuloilla, mutta heillä on monia kateellisia vihollisia. Parin vuoden päästä he vapautuvat pelosta ja murheesta. Sitten juoksen ashramiisi."

Kului taas kymmenen vuotta.

Sadhu palasi taloon, mutta nyt myös koira oli kuollut. Guru näki intuitionsa avulla, että hänen oppilaansa oli syntynyt myrkyllisen kobran hahmoon ja eli talon alla. Guru päätti, että nyt oli aika vapauttaa hänet harhasta.

Hän sanoi pojanpojalle:

"Veljeni, talon alla on myrkyllinen kobra, joka on vaarallinen. Poistakaa se sieltä, olkaa niin ystävällisiä, mutta älkää tappako sitä. Antakaa sille kunnon löylytys, katkaiskaa sen selkä ja tuokaa se minulle."

Nuori mies hämmästyi kurkistaessaan talon alle ja nähdessään, että sadhun sanat olivat täyttä totta. Hän kutsui kaikki talon nuoret miehet paikalle ja ryhtyi pieksämään kobraa. He noudattivat sadhun pyyntöä eivätkä tappaneet sitä vaan vammauttivat sitä niin, ettei se enää pystynyt liikkumaan. Sadhu silitti nyt käärmeen päätä hellästi, heitti sen olkapäälleen ja lähti hiljaa lastenlasten luota. He olivat tavattoman helpottuneita, koska heidät oli näin pelastettu tuolta myrkylliseltä käärmeeltä.

Matkalla ashramiin guru puhutteli kobraa sanoen: "Rakas lapseni, kukaan ei ole koskaan kyennyt tyydyttämään aistejaan ja mieltään. Mielihalut ovat kyltymättömiä. Kun yksi mieliteko on tyydytetty, tusina uusia on jo ilmaantunut. Voit ainoastaan turvautua erottelukykyyn. Herää! Sinun tulee saavuttaa seuraavassa elämässäsi perimmäinen todellisuus."

"Gurudev", käärme sanoi itkien katkerasti. "Kuinka armollinen oletkaan! Vaikka osoittauduinkin kiittämättömäksi sinua kohtaan, olet aina armollisesti huolehtinut minusta, pitänyt minut lähelläsi ohjaten minut takaisin lootusjalkojesi juureen. Olen vakuuttunut siitä, että koko maailmankaikkeudessa ei ole ketään, joka olisi yhtä täynnä jumalallista rakkautta kuin guruni. Ainoastaan todellisen gurun ja oppilaan välillä on epäitsekästä rakkautta."

Todellinen guru on Jumala. Hän on sisällämme kaikkien elämiemme aikana, ja hän ilmestyy meille opettajana sitten, kun olemme valmiita palaamaan takaisin alkulähteeseemme. Guru johdattaa meidät luokseen ja kehittää välillemme syvän ja kestävän suhteen. Tämä suhde poikkeaa kahden ihmisen välisestä suhteesta, sillä siinä on kyse Jumalan ja sielun välisestä suhteesta. Tavalla tai toisella mestari saa aikaan vilpittömässä oppilaassa syvällisen muutoksen, joka lopettaa hänen levottoman vaeltelunsa herättäen hänessä hänen puhtaan tietoisuutensa.

11. luku

Tarkkailijan asenne

Amman kaltaiset suuret sielut sanovat, että meidän tulisi käyttää mieltämme älykkäällä tavalla. Mieltä ei tulisi käyttää pelkästään maallisten olosuhteiden parantamiseen. Mieltä tulisi käyttää siten, että voimme kohota nykyisen eläimellisen tilamme yläpuolelle, ajattelevan mielen tuolle puolen, jumalalliseen tilaan. Amma sanoo, että ihmiskunta on kykeneväinen kokemaan pysyvän mielenrauhan, ikuisen autuuden, täyttymyksen ja ykseyden maailmankaikkeuden alkulähteen kanssa, joka tunnetaan *sat-chid-anandana*, tietoisuutena olemassaolosta ja autuutena, Brahmanina, Jumalana. Emme ole vain Jumalan lapsia vaan Korkeimman ilmentymiä. Olemme aaltoja valtameren pinnalla, meren, joka on aaltojen alkulähde. Kun aalto sulautuu mereen, se tulee yhdeksi meren kanssa. *Sadhanan* ja jumalallisen armon avulla voimme kokea kaikkitietävän ja kaikkivoivan luontomme. Kun onnistumme tässä, meistä tulee *jñaneja*, oivalluksen saavuttaneita olentoja.

Amma sanoo:

"Lapset, tarkkailun tilaan vakiintuminen on elämän todellinen tarkoitus. Voit tehdä työtä ja käyttää mieltäsi ja älyäsi, voit asua kotona ja olla perheellinen, sinulla voi olla paljon perhe-elämään liittyviä velvollisuuksia ja monenlaisia velvoitteita, mutta kun olet vakiintunut tarkkailijan tilaan, todelliseen keskukseesi, voit tehdä mitä tahansa etääntymättä keskuksestasi. Tuossa tilassa oleminen ei tarkoita, että olisit laiska ja jättäisit velvollisuutesi suorittamatta. Voit huolehtia lastesi opinnoista, vanhempiesi ja puolisosi terveydestä, mutta kykenet kuitenkin pysyttelemään tarkkailijana näiden ongelmien keskellä, ja olet takertumaton kaiken sen suhteen mitä tapahtuu ja mitä teet. Sisäisesti olet tyyni ja häiriintymätön."

"Kun näyttelijä näyttelee elokuvassa roistoa, hän voi ampua vihollistaan, suuttua, olla julma ja petollinen, mutta suuttuuko ja vihastuuko hän todella? Tekeekö hän todella nuo asiat? Ei tietenkään, hän vain seuraa takertumattomana kaikkea sitä, mitä hän tekee. Hän on sisäisesti sivustakatsoja ja hän vain näyttelee olematta osallinen tapahtumiin ja joutumatta niiden koskettamaksi. Hän ei ole samaistunut oman kehonsa ilmentämiin tunteisiin. Samalla tavoin hän, joka on asettunut tarkkailijan tilaan, pysyy takertumattomana ja häiriintymättömänä kaikissa olosuhteissa."

Jokainen voi harjoittaa tarkkailijan asennetta. Tarvitaan vain jatkuvaa tietoista yrittämistä. Aina kun tunnemme suuttumuksen, katkeruuden, pelon tai mielihalun syrjäyttävän tyyneytemme, pyrkikäämme keskittymään sydämeen, pysähtymään ja etenemään varovaisesti. Älkäämme hätäilkö. Harjoittakaamme kiinnittymättömyyttä ja reagoimattomuutta.

Thomas Jefferson sanoi, että jos olet vihainen, laske kymmeneen ennen kuin sanot mitään. Jos olet hyvin vihainen, laske sataan.

"Älä kulje ympäriinsä valittaen, että jotkut ovat suuttuneet sinulle, että he arvostelevat ja ojentavat sinua. Salli heidän pitää vaikka kokonainen luento, jossa he arvostelevat sinua. Pysy hiljaa. Yritä pysyä tyynenä. Tyyneytesi riisuu toisen aseista. Kun reagoit tai vastaat samalla mitalla, se tarkoittaa, että hyväksyt, mitä toinen on sanonut sinusta, minkä jälkeen hän sanoo vielä lisää asioita. Sellaista sanaharkkaa ei saada sovittua. Lopputuloksena on nöyryytystä, suuttumusta, vihaa, kostoa ja muuta sellaista. Miksi osallistut sellaiseen itsetuhoiseen prosessiin? Harjoita hiljaisuutta, älä sano mitään. Tai jos haluat hyväksyä sen, ota se vastaan Jumalan lahjana. Jos olet peräänantamaton ja päätät kohdata sen demonisena haasteena, kukaan ei voi pelastaa sinua lopulliselta tuholta, ei edes Jumala."

Amma

Arvostelun kohtaaminen

Olipa kerran poliitikko, joka teki aina työnsä parhaansa mukaan. Hän oli kuitenkin vain ihminen ja teki virheitä, minkä tähden häntä arvosteltiin. Toimittajat kirjoittivat hänen virheistään sanomalehdissä. Hän hermostui tästä siinä määrin, että ajoi maalle tapaamaan hyvää maanviljelijäystäväänsä.

"Mitä teen?" poliitikko itki. "Olen tehnyt parhaani. Kukaan ei ole yrittänyt sen enempää kuin minä parantaakseen ihmisten asioita, ja silti he arvostelevat minua ankarasti!"

Vanha maanviljelijä hädin tuskin kuuli vainotun poliitikkoystävänsä vuodatusta, sillä hänen ajokoiransa ulvoi ja haukkui täysikuuta. Maanviljelijä torui koiraansa, mutta se jatkoi haukkumistaan. Lopulta maanviljelijä sanoi poliitikolle:

"Haluatko tietää, mitä sinun tulee tehdä epäreilujen arvostelijoittesi kanssa? Katsohan tuota koiraani, joka haukkuu kuuta. Ihmiset arvostelevat sinua niin kuin tuo koira, joka haukkuu kuuta. He tulevat aina olemaan kannoillasi ja arvostelemaan sinua. Tässä on sinulle oiva oppitunti: Koira jatkaa haukkumista ja kuu loistamistaan!"

Tämä saattaa vaikuttaa aluksi mahdottomalta, mutta yksi onnistuminen johtaa seuraavaan. Meidän on vain oltava periksiantamattomia ja kehitettävä itsessämme vahvuutta jatkuvan yrittämisen avulla. Amma arvostaa suuresti ponnisteluamme. Lopulta opimme pysyttäytymään täydellisesti tarkkailijoina jopa kaikkein vaativimmissa olosuhteissa. Mutta kuinka hyvin onnistummekin, emme saa menettää nöyryyttämme. Voisimme kutsua tätä harjoitusta rakkaudelliseksi tarkkailuksi. Meidän tulisi muistaa aina, että kaikki onnistumisemme, tietomme ja ymmärryksemme johtuvat gurumme tai Jumalan armosta. Todella suuri ihminen on nöyrä.

Sokrateen nöyryys

Kerrotaan, että Delfoin oraakkeli sanoi Sokrateen olevan maailman viisain ihminen. Niinpä jotkut hänen oppilaistaan menivät hänen luokseen ja sanoivat:

"Sinun pitäisi olla iloinen. Oraakkeli on sanonut, että olet maailman viisain ihminen."

Sokrates nauroi ja sanoi:

"Se ei voi pitää paikkaansa, sillä miten minä voisin olla viisain? Tiedän vain yhden asian: sen, että en tiedä mitään. Tässä on täytynyt tapahtua jokin erehdys. Palatkaa ja kertokaa tämä oraakkelille."

He palasivat oraakkelin luo ja sanoivat hänelle:

"Sokrates on kiistänyt lausuntosi, joten siinä täytyy olla jokin virhe. Hän nimittäin sanoo, että hän ei ole viisas, sillä hän tietää vain sen, että ei tiedä mitään."

Oraakkeli vastasi heille:

"Siksi olenkin sanonut, että hän on viisain ihmisistä, koska vain viisain voi puhua hänen laillaan."

Vain typerykset väittävät olevansa suuria. Todellinen viisaus alkaa siitä, kun oivaltaa, että ei tiedä mitään. Vasta silloin voimme oppia jotakin.

Nuori taiteilija

Nuori freelance-taiteilija yritti myydä sarjakuviaan sanomalehtiin. Kaikki lehdet kuitenkin torjuivat hänen tarjouksensa. Eräs Kansas Cityn päätoimittaja sanoi, että hänellä ei ole lahjoja. Mutta hän uskoi kykyihinsä ja jatkoi yrittämistä. Lopulta hän sai paikan kirkon julkaisun piirtäjänä. Hän vuokrasi hiiriä vilisevän autotallin piirtämistä varten ja jatkoi piirtämistä siinä toivossa, että joku ostaisi hänen töitään. Jonkun autotallissa juoksevista hiiristä oli täytynyt inspiroida häntä, sillä hän loi hahmon nimeltä Mikki Hiiri, ja näin syntyi kaikkien tuntema Walt Disney!

Voidaksemme kehittää tahdonvoimaamme ja saavuttaa lopulta tietoisuudentilan, jossa kykenemme pysyttelemään tarkkailijana, meidän tulee tehdä henkisiä harjoituksia. Useimmilla meistä mieli on vielä keskittymätön ja levoton. Sen tähden mielemme on heikko. Jos vedämme ohutta lankaa molemmista päistä vastakkaisiin suuntiin, se katkeaa helposti. Mutta jos sen sijaan kiedomme useita lankoja yhteen köydeksi, voimme nostaa sillä raskaitakin esineitä. Samalla tavoin, kun mielessämme on useita eri suuntiin kulkevia ajatuksia, ajatuksemme ovat heikkoja. Mutta jos keskitymme yhteen ainoaan ajatukseen, mielestämme tulee keskittynyt ja voimakas, ja koemme syvempää rauhaa. Tässä on mantran toistamisen tarkoitus. Tämä harjoitus poistaa asteittain turhat ajatukset, jolloin jäljelle jää vain yksi ajatus. Sen jälkeen meidän on helppo poistaa tuo yksikin ajatus.

Kun harjoitamme mantran toistamista tai jotakin muuta henkistä harjoitusta, joka tähtää mielen hiljentämiseen, saatamme väsyä ja uupua mielen jääräpäisyyteen. Toisinaan ahkera *japa*, mantran toistaminen, tekee mielestä aution. Itse asiassa näin käy usein. Rentoudu ja hellitä hetkeksi. Meidän ei ole tarpeen tuhota itseämme voidaksemme saavuttaa itse -oivalluksen. Itsensä liiallinen rasittaminen voi itse asiassa aiheuttaa masennusta, aivan niin kuin nostaisimme liian raskaita painoja kehittymättömillä lihaksilla.

Autiomaan Anthony

Kerran suuri munkki, Autiomaan Anthony, rentoutui oppilaidensa kanssa majansa ulkopuolella, kun paikalle osui metsästäjä.

Metsästäjä yllättyi nähdessään Anthonyn rennon asenteen ja torui häntä; se ei näet vastannut hänen mielikuvaansa siitä, miten pyhän munkin kuului toimia.

Anthony vastasi hänelle sanoen:
"Venytä joustasi ja ammu nuoli."
Metsästäjä teki niin.
"Venytä taas ja ammu uusi nuoli", Anthony kehotti.
Metsästäjä teki jälleen niin, yhä uudelleen ja uudelleen.
Lopulta metsästäjä sanoi:
"Veli Anthony, jos pidän joustani venytettynä koko ajan, se menee rikki."

"Sama pätee meihin munkkeihin", Anthony sanoi. "Jos venytämme itseämme yli kaikkien rajojen, mekin menemme rikki. Sen tähden meidän tulee välillä hellittää ponnisteluistamme."

Ollessamme Amman seurassa meidän on hyvä unohtaa sekä maalliset, että myös henkiset ongelmat. Joskus ongelmien pohtiminen peittoaa meiltä kokemuksen hänen jumalallisesta läsnäolostaan. Nauttikaamme hänen autuaallisesta ja parantavasta läsnäolostaan, jota hän säteilee ympärilleen. Kuinka moni meistä onkaan saanut huomata, miten paljon helpotusta saamme tuntea sekä kehossamme että mielessämme kun oleilemme hänen lähellään. Sukeltakaamme sen tähden siihen autuuden valtamereen, joka Amma on, ja palatkaamme takaisin virkistyneinä ja valmiina jatkamaan matkaamme jumalalliseen kotiimme.

12. luku

Jumalan kaipuu

"Poistakaamme tietämättömyyden pimeys mielestämme ajattelemalla Jumalaa palavin sydämin."

"Antautukaamme täydellisesti Sielulle, sisimmälle olemuksellemme."

Amma

Me kaikki haluamme olla onnellisia, mutta useimmat meistä eivät etsi onnellisuutta sieltä, missä viisaat sanovat sen olevan. Olemme varmaankin kaikki saaneet kokea onnen tunteita – ainakin jossakin määrin – harjoittaessamme henkisyyttä. Olemme saaneet kuulla, että olemme kaiken taustalla oleva tietoisuuden valo, mutta suurin osa meistä ei koe tai tunne näin. Meillä ei ole *aparokshanubhutia*, välitöntä kokemusta todellisuudesta. Tämä saattaa turhauttaa meitä matkallamme Jumalan luo. Sanotaan, että maailmassa on vain kahdenlaisia huolettomia ja onnellisia ihmisiä: täydellisen tietämättömät ja täydellisen viisaat. Kaikki muut kamppailevat.

Koska emme koe autuutta, onnellisuuden kaipuumme jatkuu. Tavoittelemme onnea kaikin mahdollisin keinoin ja tunnemme surua, kun jonkin ajan kuluttua se, minkä ajattelimme tekevän meidät onnelliseksi, ei enää tuokaan onnellisuutta. Tämä on mysteeri, jota kutsumme elämäksi.

Amma sanoo, että jos kaipaisimme korkeinta onnea, emme milloinkaan pettyisi. Mutta meidän ei tule pysähtyä ennen kuin pääsemme päämäärään. Emme yleensä luovuta pyrkiessämme

maallisiin tavoitteisiinkaan. Jatkamme yrittämistä, kunnes onnistumme. *Upanishadeissa* sanotaan: "Herää ja nouse ylös, äläkä luovuta ennen kuin olet saavuttanut päämäärän!" Tämä on hyvin innostava ohje ja meidän tulisi pitää se mielessämme koko elämämme ajan. Soveltakaamme sitä henkiseen elämäämme.

Emme vapaudu tästä tietämättömyyden unenomaisesta pimeydestä, ennen kuin itkemme täyteen ääneen niin kuin vauva, joka kaipaa äitiään. Äiti kutsuu lastaan kotiin syömään, mutta lapsi on liian kiintynyt leikkeihinsä kuunnellakseen. Äiti kutsuu häntä yhä uudelleen, mutta tuloksetta. Lopulta hän luovuttaa. Jonkin ajan kuluttua lapsi alkaa tuntea nälän vatsassaan ja alkaa itkeä äitiään, jotta tämä hakisi hänet kotiin. Tällainen itku näyttää olevan Jumalan oivaltamisen esiaste, voimakas avunpyyntö Jumalalle, vilpitön yritys saavuttaa todellisuus. Meidän tulisi itkeä Jumalalle samalla tavoin kuin Amma aikoinaan teki.

"Oi Äiti, eron synnyttämä tuli polttaa sydäntäni! Minkä tähden Sinun sydämesi ei sula nähdessäsi kyyneleni loputtoman virran? Oi Äiti, monet suuret sielut ovat palvoneet Sinua ja saaneet nähdä Sinut jumalallisessa näyssä ja tulla yhdeksi kanssasi. Oi rakas Äiti! Avaa nöyrälle palvelijallesi ovi myötätuntoiseen sydämeesi! Minä hukun. Jos et halua tulla luokseni, salli elämäni päättyä."

"Oi Äiti... Lapsesi hukkuu pohjattomaan suruunsa... Sydämeni murtuu... Jalkani eivät kanna... Sätkin niin kuin kuivalle maalle heitetty kala... Oi Äiti... Et näytä tuntevan lainkaan myötätuntoa minua kohtaan... Ainoa, minkä voin enää tarjota Sinulle on viimeinen henkäykseni."

Amma

Ilmeisestikin tarvitaan tällaista tunteen ja keskittymisen voimaa, jotta *mayan* synnyttämä illuusio voisi murtua. Mikään, mikä kuuluu luomakunnan piiriin, ei voi murtaa *mayaa*, sillä tuo kaikki on osa tietämättömyyden unta. Vain mielen täydellinen keskittyminen Jumalaan syvässä hiljaisuuden tilassa voi murtaa tämän kehän ja herättää meidät syvästä unestamme. Tuossa tilassa koemme totuuden kaiken ykseydestä. Kyseessä on kaikenlaisesta kärsimyksestä vapautumisen hetki, jolloin saavutamme autuuden.

"Meidän tulee antautua täydellisesti ykseydelle, joka ilmenee sisällämme omana sielunamme."

Amma

Älä ajattele, että Jumala olisi sinusta erillinen. Tuo olemisen lähde ylläpitää sinua, se on energiasi ja älykkyytesi lähde. Ymmärtäkäämme mitä "antautumisella" tarkoitetaan. Se ilmenee erinomaisen hienosti Amman sanoissa: "Älä ole huolissasi, Amma on kanssasi". Elä toisin sanoen päivittäistä elämääsi, toimi erilaisissa tilanteissa parhaan ymmärryksesi mukaan, hyväksy se, mitä tapahtuu Jumalan tahtona, ja ole tyyni sekä mielihyvän että kärsimyksen hetkellä. Krishna sanoo *Bhagavad-Gitassa*:

"Tämä Minun jumalallinen harhani koostuu kolmesta eri voimasta. Sitä on vaikea ylittää, paitsi niiden, jotka turvautuvat alati Minuun."

Bhagavad-Gita 7:14

"Vapautuen himosta, pelosta ja vihasta, puhdistautuen henkisten harjoitusten tulella, mietiskellen Minua ja turvautuen Minuun monet ovat saavuttaneet Minun olemukseni."

Bhagavad-Gita 4:10

"Tavoittele sitä päämäärää, jonka saavutettuaan kukaan ei enää palaa ja ajattele, että minä turvaudun Sinuun, Korkeimpaan, josta aluton luominen on alkanut."

Bhagavad-Gita XV:4

"Oi Arjuna, Jumala on asettunut kaikkien olentojen sydämeen, ja Hänen kosminen harhansa saa kaikki olennot pyörimään niin kuin heidät olisi sidottu koneeseen. Oi Bharatan jälkeläinen, turvaudu Häneen sydämesi innolla. Hänen armonsa avulla sinä saavutat korkeimman rauhan ja ikuisen turvan."

Bhagavad-Gita XVII:61-62

13. luku

Lapsenkaltainen, ei lapsellinen

Oppilas: "Amma sanoo, että meidän tulisi kehittää itsessämme lapsen kaltaisuutta. Mutta kun teen niin, joudun monenlaisiin vaikeuksiin ihmisten kanssa, jotka eivät hyväksy epäkypsiä tekojani ja puheita. Teenkö jotakin väärin?"

Amma: "Meidän tulisi tulla viattomiksi kuin lapset. Pienillä lapsilla on tiettyjä ominaisuuksia, joita aikuisten tulisi kehittää edistyäkseen henkisesti. Mutta heillä on myös sellaisia ominaisuuksia, joita meidän ei tule kehittää itsessämme, jos haluamme olla onnellisia. Tässä on kyse lasten kehittymättömistä älyllisistä kyvyistä, jotka yleensä kypsyvät ikääntymisen myötä. Aikuiset kasvavat fyysisesti, mutta jotkut pysyvät edelleenkin lapsellisina."

Tarkastellaanpa ensin ominaisuuksia, joiden ei tulisi antaa kasvaa meissä.

Itsekkyys: Useimmat lapset ovat tavattoman itsekkäitä. He ottavat huomioon vain omat halunsa. He itkevät, saavat kiukunpuuskia ja ovat vihaisia, jos heille ei anneta sitä, mitä he haluavat. Tämä on lapsellinen ominaisuus, jota kenelläkään aikuisella ei tulisi olla, ja silti on monia aikuisia, joilla tällainen piirre on. Amma sanoo sen johtuvan siitä, että he ovat kylläkin kasvaneet ruumiiltaan, mutta heidän älykkyytensä ei ole kypsynyt.

Erottelukyvyn puute: Saatamme sanoa ja tehdä asioita ajattelematta seurauksia. Toisin sanoen tällöin meillä ei ole juurikaan erottelukykyä sen suhteen, mitä pitäisi ja mitä ei pitäisi sanoa ja tehdä.

Vastuuttomuus: Meillä ei ole vastuuntuntoa ja teemme niin kuin meistä tuntuu hyvältä. Meillä ei ole velvollisuudentunnetta eikä käsitystä siitä, mikä on soveliasta.

Amma sanoo:

"Äidin on oltava hyvin kärsivällinen kasvattaessaan lapsiaan. Hänen on muokattava lastensa luonnetta. Lapsi oppii äidiltään ensimmäiset oppituntinsa rakkaudesta ja kärsivällisyydestä. Äiti ei voi vain puhua rakkaudesta ja kärsivällisyydestä ja sitten olettaa lapsen omaksuvan nuo luonteenpiirteet. Sellainen olisi mahdotonta. Hänen on näytettävä esimerkkiä rakkaudessa ja kärsivällisyydessä soveltamalla noita ominaisuuksia käytäntöön kaikessa kanssakäymisessään lapsen kanssa."

"Lapsi saattaa olla peräänantamaton ja itsepäinen, koska useimpien lasten luonne on sellainen, sillä heidän mielensä on vielä kypsymätön. Koska lapsi välittää vain omista tarpeistaan, hän voi olla itsekäs ja uppiniskainen. Sellainen on sallittua lapselle, sillä se ei ole luonnonlakien vastaista. Mutta jos äidistä tulee uppiniskainen ja kärsimätön, se on hyvin vahingollista. Sellainen synnyttää helvetin. Äidin täytyy olla kärsivällinen, yhtä kärsivällinen kuin maa."

"Isä on yhtä syvällisessä mielessä mukana lasten kasvattamisessa kuin äitikin. Myös isän tulee olla kärsivällinen. Kun isästä tulee kärsimätön, se on lapsen viattomuuden ja luottavaisuuden loppu. Näin lapsestakin tulee kärsimätön ja itsepäinen. Hänellä ei ole kokemusta siitä, mitä kärsivällisyys on, koska kukaan ei ole näyttänyt hänelle, mitä se on. Niinpä tällaisella lapsella tulee olemaan vaikeaa sosiaalisissa suhteissaan. Ystävät eivät tule olemaan kärsivällisiä, eikä tyttö- tai poikaystävienkään voida olettaa olevan kärsivällisiä. Yhteiskunta ei tule myöskään suhtautumaan pitkämielisesti kärsimättömään tyttöön tai poikaan. Lapsilla ei ole tilaisuutta oppia kärsivällisyyttä ja rakkautta keneltäkään, elleivät he opi näitä ominaisuuksia vanhemmiltaan."

"Lapset ilmaisevat sitä, mitä heille on opetettu ja mitä he ovat kokeneet kasvuvaiheessaan. Siksi sinun on oltava huolellinen ja tarkkaavainen lapsesi kanssa. Tiedosta mitä sanot ja teet, sillä jokainen lausumasi sana ja tekemäsi teko jättää syvän vaikutelman lapsesi mieleen. Ne painautuvat syvälle hänen sydämeensä, koska ne ovat ensimmäiset asiat, joita hän näkee ja kuulee. Ne ovat ensimmäiset vaikutelmat, jotka painautuvat lähtemättömästi hänen mieleensä. Äiti on ensimmäinen henkilö, jonka kanssa lapsi on tekemisissä. Isä on seuraava ja hänen jälkeensä tulevat vanhemmat veljet ja sisaret. Kaikki muut ihmissuhteet tulevat myöhemmin elämässä. Hallitse sen tähden mielesi lastesi seurassa. Luo heille hyvä kasvuympäristö. Muussa tapauksessa joudut kohtaamaan tulevaisuudessa monenlaisia vaikeuksia."

Seuraavassa on lista niistä lapsen kaltaisista ominaisuuksista, joita Amma kehottaa meitä kehittämään itsessämme:

Nykyhetkessä eläminen: Lapset eivät juurikaan ajattele menneisyyttä tai tulevaisuutta. He uppoutuvat nykyhetkeen ja ovat sen vuoksi huolettomia ja onnellisia, jos olosuhteet vain eivät tuota heille tuskaa. Huolten kantaminen mielessä näyttää olevan aikuisten ominaisuus.

Tasa-arvoisuus kaikkia kohtaan: Lapset eivät arvostele ihmisiä. Ihon väristä, uskonnosta ja kansallisuudesta riippumatta miehet ja naiset, köyhät ja rikkaat, nuoret ja vanhat ovat lapsen silmissä samanarvoisia. Yleisesti ottaen lapset luottavat jokaiseen eivätkä pelkää ketään.

Takertumattomuus: Lapsi voi leikkiä lelulla, joka näyttää olevan hänelle rakas, mutta seuraavassa hetkessä hän voi jättää sen ja alkaa leikkiä uudella lelulla. Vaikka häneltä otettaisiinkin jotakin pois, hänen surunsa on tavattoman lyhytaikainen. Jopa lapsen suhteet ihmisiin voivat olla samanlaisia lukuun ottamatta lähimpiä sukulaisia, kuten äitiä, isää, veljeä tai siskoa.

Vapaus seksuaalisuudesta: Lapset eivät tunne seksuaalista houkutusta eivätkä erilaisuuden tunnetta, joka johtuisi vastakkaisesta sukupuolesta. Kaikki naiset ovat äitejä ja kaikki miehet ovat isiä. He eivät koe sellaisia häiriötiloja, joista aikuiset kärsivät. He elävät autuaallisessa yksinkertaisuuden ja viattomuuden tilassa.

Suuttumus on lyhytaikaista: Lasten suuttumus kestää vain hetkisen. Toisin kuin aikuiset, he eivät kanna kaunaa kenellekään pitkään. He eivät pidä ihmisiä pahoina edes silloin, kun he ovat sitä. Kerrotaan, että *Mahabharata*-eepoksessa olevalla kuningas Yudhisthiralla ei ollut vihollisia ja että hän ei nähnyt pahaa ihmisissä, vaikka tuhannet olivat yrittäneet tappaa hänet sodan aikana. Hänen serkkunsa Duryodhana sen sijaan näki vain pahaa ihmisissä eikä nähnyt heissä mitään hyvää.

Ihmeen tunne ja välittömyys: Pieni poika oli saanut matkata ensimmäistä kertaa elämässään pois suurkaupungista maalaiskylään. Hän seisoi tien pientareella, kun vanha mies saapui hevoskärryllään ja meni kauppaan. Poika katseli ihmeissään hevosta, eläintä, jollaista hän ei ollut ikinä nähnyt. Kun vanha mies tuli takaisin kaupasta ja valmistautui ajamaan pois, poika sanoi:

"Hei, hyvä herra! Minun täytyy varoittaa teitä siitä, että ajoneuvostanne valuivat juuri petrolit ulos!"

Lapsenkaltainen, ei lapsellinen

Kadun toisella puolella oli hedelmäkojun luona pieni tyttö banaaninkuori kädessään.

"Mitä haluat, pikkuinen?" kysyi puodinpitäjä.

"Voitteko täyttää tämän uudelleen?" hän vastasi.

14. luku

Työ jumalanpalveluksena

Monista henkisen tien kulkijoista tuntuu siltä, että heillä ei ole paljoakaan aikaa henkisille harjoituksille joko johtuen heidän kiireisestä elämästään tai tahdonvoiman puutteestaan. Joistakin tuntuu myös siltä, että heidän työnsä häiritsee heitä. He tuntevat jakautuvansa kahteen eri maailmaan: henkiseen maailmaan, josta he nauttivat jossain määrin kotona tai *ashramissa,* ja oman päivätyönsä maailmaan. Tällainen vastakohtaisuus on heille liikaa.

Amma sanoo: "Lapset, tehkää kaikki tekonne palveluksena Jumalalle".

Mutta totta puhuen, onko tällainen edes mahdollista? Jotkut saavuttavat rauhan meditoimalla paljon ja elämällä eristäytynyttä elämää. Toiset saavuttavat tasapainon ajattelemalla jatkuvasti Jumalaa tai mestaria kaikissa toimissaan. Molemmat toimintatavat ovat vaikeita. Levottoman mielen hallitseminen ei loppujen lopuksi ole mikään helppo tehtävä.

Voidaksemme tehdä työstämme jumalanpalvelusta meidän on tarpeen kehittää vapaa-ajallamme antaumuksellista mielentilaa. Meidän pitäisi meditoida aamulla heti herättyämme ja rukoilla hetkinen sängyllämme sen sijaan, että ryntäisimme heti kylpyhuoneeseen tai keittiöön tai lukemaan sanomalehteä. Kun rukoilemme, voimme pyytää Jumalaa ottamaan vastaan kaikki päivän toimet jumalanpalveluksena ja voimme pyytää, että mielemme virtaisi Häntä kohden niin kuin Gangesin joki, joka virtaa kohti valtamerta. Työ- ja kotimatkalla voimme toistaa mantraa. Tultuamme kotiin, syötyämme päivällistä ja vietettyämme jonkin aikaa perheemme parissa meidän tulisi lukea jonkin aikaa *Bhagavad-Gitaa*, *Srimad Bhagavatamia* tai mestarimme opetuksia. Jos suinkin mahdollista, voimme laulaa muutamia *bhajaneita*, henkisiä lauluja ja resitoida *mantroja*. Ennen nukkumaanmenoa voimme pyytää Jumalalta anteeksi kaikkia päivän aikana tekemiämme virheitä ja anoa, että unestamme tulisi ikään kuin pitkä kumarrus Hänelle.

Voimme viettää yhden päivän kuukaudessa tehden koko päivän *sadhanaa*, henkisiä harjoituksia, joko kotonamme tai jossakin syrjäisessä paikassa, mikä on vieläkin parempi vaihtoehto. Voin tässä kohtaa puhua omasta kokemuksestani, sillä asuessani Berkleyssä vuonna 1968, ennen Intiaan lähtöäni, vietin paljon aikaa kukkuloilla yksinäisyydessä opiskellen, meditoiden ja rukoillen. Se auttoi minua suuresti.

"Yksin oleminen on tärkeää. Meidän tulee tehdä *sadhanaa* puhdistaaksemme mielemme ja vapautuaksemme kielteisitä *vasanoista*, joita olemme keränneet itsellemme menneisyydessä. Ollessamme yksin mieli ei tule häirityksi, jolloin se kääntyy sisäänpäin."

Amma

Tällä tavoin Jumalan ajatteleminen ja mielenrauhan tavoitteleminen tulee asteittain osaksi jokapäiväistä elämäämme. Tulemme tietoisiksi ajatuksista ja toimintatavoista, jotka pilaavat mielenrauhamme, ja näin voimme pyrkiä muuttamaan tapamme. Alamme tuntea itsemme rauhallisiksi jopa stressaavissa tilanteissa. Asiat eivät enää järkytä meitä samalla tavoin kuin ennen. Emme enää reagoi niin helposti, vaan kykenemme pysyttäytymään tarkkailijan tilassa. Opimme tarkkailemaan tapahtumia sen sijaan, että aina reagoisimme niihin ja olisimme jokaisen mielihyvää tai kipua tuottavan tapahtuman heiteltävänä.

Myös niiden, jotka valitsevat elää maailmasta luopuneen elämää, on käsiteltävä kielteiset *vasanansa*. *Mahatmat* sanovat, että *vasanat* tai mielen taipumukset ovat suurin este rauhan kokemiselle – rauhan, joka on kätkössä ajatuksia täynnä olevan mielen taustalla. Ongelmana on, että suurin osa näistä kielteisistä tunteista on meiltä piilossa, alitajuisen mielen alueella. Pitkäaikainen ja syvällinen meditointi nostaa ne vähitellen pintaan niin, että tulemme niistä tietoisiksi ja ryhdymme tuhoamaan niitä. Luolassa oleskelevan joogin tie näyttäisi kuitenkin olevan paljon hitaampi ja tuskallisempi kuin sellaisen, joka pyrkii ajattelemaan Jumalaa aina ja kaikkialla. Jälkimmäisessä tapauksessa kielteiset ominaisuudet nousevat esiin sopivissa tilanteissa. Ne, jotka harjoittavat voimallista *sadhanaa* maailman keskellä, voivat vapautua *vasanoistaan* nopeammin, asteittain ja luonnollisella tavalla johtuen vuorovaikutuksesta maailman kanssa.

Eläessämme maailmassa muiden ihmisten parissa, meille avautuu monenlaisia tilaisuuksia poistaa itsestämme vihaa, joka on eräs yleisimmistä ja voimakkaimmista tuhoisista tunteista. Kuinka voisimme tuntea piilevän vihan voiman, jos istumme yksin luolassa?

Sain kokea henkisen elämäni alkuvaiheissa jotakin, joka teki minuun syvän vaikutuksen. Olin juuri saapunut Arunachalaan, kun eräs paikallisen ashramin asukkaista tarjoutui näyttämään minulle pyhiä paikkoja Tiruvannamalaissa ja sen ympäristössä. Tutustuimme pyhällä vuorella oleviin luoliin ja pieniin temppeleihin. Sen jälkeen menimme Pazhavakunramin kukkulalle ja siellä olevaan luolaan, jossa eräs joogi oli asustanut vuosien ajan. Seisoimme jonkin matkan päässä luolasta, kun paikalle ilmestyi paimen muutaman vuohensa kanssa. Yhtäkkiä joogi juoksi raivoissaan ulos luolasta ja huusi paimenelle tappavansa kaikki vuohet, jos tämä ei lopeta vierailujaan siellä häiriten hänen meditaatiotaan. Sellaisen ihmisen vihanpurkaus, joka oli istunut vuosikausia luolassa meditoimassa, järkytti minua syvästi. Luolassa istuminen ei näyttäytynyt minulle houkuttelevana vaihtoehtona. Epäilemättä se vaati paljon tahdonvoimaa, mutta se ei näyttänyt heikentävän egon pimeyttä.

Hänen, joka tahtoo saada osakseen Jumalan armon, tulee aina tarkkailla omaa puhettaan. Puheella on voimakas vaikutus heihin, jotka kuulevat sen ja yhtä suuri, ellei suurempikin vaikutus häneen, joka lausuu sanat. Puhe voi puhdistaa tai saastuttaa ilmapiirin ja myös puhujan oman mielen.

Timantteja ja sammakoita

Eräällä naisella oli kaksi tytärtä. Vanhempi heistä muistutti äitiään niin kasvoiltaan kuin tavoiltaankin. He olivat molemmat niin epämiellyttäviä ja ylpeitä, että heidän kanssaan oli vaikea elää. Nuorempi tyttäristä oli kuin isänsä, hyväluontoinen ja kaunis. Koska ihmiset rakastavat usein kaltaisiaan, äiti piti kovasti vanhemmasta tyttärestään ja vieroksui nuorempaa tytärtään. Hän pakotti tämän syömään keittiön lattialla ja tekemään jatkuvasti töitä. Asetelma muistutti Tuhkimon tarinaa.

Tämä lapsiraukka joutui hakemaan kaksi kertaa päivässä ison kannullisen vettä lähteestä, joka sijaitsi metsässä kolmen kilometrin päässä talosta. Eräänä päivänä, kun hän saapui lähteelle, häntä vastaan tuli köyhä nainen, joka pyysi häneltä vettä.

"Tottahan toki, rouva!" suloinen pikkutyttö vastasi.

Hän nosti lähteestä kirkasta ja viileää vettä pitäen kannua niin, että naisen oli helppo juoda.

Saatuaan juodakseen nainen sanoi:

"Olet niin suloinen, kultaseni, niin hyvä ja ystävällinen, että en voi olla antamatta sinulle lahjaa."

Tämä nainen oli todellisuudessa haltijatar, joka oli ottanut köyhän maalaisnaisen hahmon nähdäkseen, miten tyttö kohtelisi häntä. Haltijatar jatkoi:

"Annan sinulle lahjan: Jokaisen lausumasi sanan mukana suustasi tulee joko kukka tai jalokivi."

Kun tyttö palasi kotiin, hänen äitinsä moitti häntä siitä, että hän oli viipynyt lähteellä niin pitkään.

"Pyydän anteeksi äiti, etten kiirehtinyt tarpeeksi," tyttöressu sanoi ja samalla hänen suustaan tuli ulos kaksi ruusua, kaksi helmeä ja kaksi isoa timanttia.

"Mitä näenkään?" hänen äitinsä sanoi ällistyneenä. "Näen tytön suusta tulevan helmiä ja timantteja. Mitä on tapahtunut, lapseni?" Tämä oli ensimmäinen kerta, kun hän kutsui tyttöä lapsekseen ja puhui hänelle ystävällisesti.

Lapsiparka kertoi äidilleen kaiken, mitä oli tapahtunut lähteellä ja vanhan naisen antamasta lahjasta. Hänen huuliltaan putoili kaiken aikaa jalokiviä ja kukkia.

"Tämä on ihanaa", äiti itki. "Minun on lähetettävä toinenkin lapseni lähteelle. Tyttö, tule tänne ja katso, mitä sisaresi suusta tulee ulos, kun hän puhuu! Etkö haluaisi samaa lahjaa itsellesi? Sinun tarvitsee vain mennä kannu mukanasi metsän lähteelle. Kun köyhä nainen pyytää sinulta vettä juodakseen, anna sitä hänelle."

"Sepä vasta olisikin hienoa", sanoi itsekäs tyttö. "En kuitenkaan lähde noutamaan vettä. Sisareni voi antaa minulle jalokivensä. Hän ei tarvitse niitä."

"Kyllä menet", sanoi äiti, "ja vieläpä tällä minuutilla."

Lopulta vanhempi tytär lähti matkaan talon paras hopeakannu mukanaan valittaen ja sadatellen koko matkan ajan. Saavuttuaan lähteelle hän näki, että metsästä oli tulossa lähteelle kaunis nainen. Tämä pyysi häneltä juotavaa. Kyseessä oli sama haltijatar, joka oli tavannut hänen nuoremman siskonsakin, mutta tällä kertaa haltijatar oli ottanut prinsessan hahmon.

"En tullut tänne tarjoilemaan sinulle vettä", sanoi ylpeä, itsekäs neito. "Luuletko, että toin tämän hopeakannun tänne saakka vain juottaakseni sinua? Sinä pystyt nostamaan kaivosta vettä yhtä hyvin kuin minäkin."

"Et ole kovinkaan kohtelias", sanoi haltijatar. "Koska olet niin karkea ja epäystävällinen, annan sinulle lahjan. Jokaisen sanomasi sanan mukana suustasi tulee ulos sammakoita ja käärmeitä."

Kun äiti näki tyttärensä tulevan lähteeltä, hän huudahti: "No, rakas lapseni, tapasitko hyvän haltijattaren?"

"Kyllä, äiti", ylpeä tyttö vastasi ja samalla hänen suutaan tuli ulos kaksi käärmettä ja kaksi sammakkoa.

"Mitä näenkään?" äiti huusi. "Mitä oikein teit?"

Tyttö yritti vastata, mutta jokaisen sanan mukana hänen huuliltaan putoili rupikonnia ja käärmeitä.

Ja niin jatkui heidän elämänsä loppuun saakka. Nuoremman tyttären, joka oli niin hyvä ja ystävällinen, huulilta putoili jalokiviä ja kukkia, kun taas vanhempi tytär ei pystynyt sanomaan sanaakaan ilman käärmeiden ja sammakoiden ilmaantumista.

Kun onnistumme ajattelemaan Jumalaa jatkuvana sisäisenä virtauksena, kaikki ajatuksemme ja tunteemme täyttyvät ainutlaatuisella tyyneydellä. Hiljalleen opimme pitäytymään tässä tilassa jopa silloin, kun toimimme. Vähitellen vapaudumme toimijana olon tunteesta ja koemme lepäävämme rauhan tilassa jopa silloin, kun työskentelemme ahkerasti. Meditatiivinen työskentely on voimallista *sadhanaa*. Olemme kuin näyttelijöitä, jotka näyttelevät oman osansa samaistumatta rooliinsa. Silloin ymmärrämme Shakespearen sanojen merkityksen:

> Koko maailma on näyttämö,
> miehet ja naiset ovat sen näyttelijöitä,
> he ilmestyvät ja katoavat vuorollaan
> ja kukin heistä näyttelee erilaisia rooleja
> seitsemän ikäkauden aikana...

Taistella vihasta vapaana

On olemassa kertomisen arvoinen tarina kuninkaasta, joka kykeni omistamaan jopa sodankäyntinsä Jumalalle. Hän taisteli voimakasta vihollista vastaan kolmekymmentä vuotta. Eräänä päivänä hänelle tarjoutui oivallinen tilaisuus. Hänen vihollisensa näet putosi hevosensa selästä, jolloin kuningas ratsasti hänen luokseen keihäs tanassa. Hetkessä hänen keihäänsä olisi lävistänyt miehen sydämen ja taistelu olisi ollut ohi, mutta silloin hänen vihollisensa sylkäisi kuninkaan päälle, jolloin hän pysäytti keihään liikkeen siihen. Kuningas kohottautui ylös ja sanoi:

"Jatkamme tästä huomenna."

Vihollinen sanoi ymmällään:

"Mitä tapahtui? Olemme taistelleet kolmekymmentä vuotta. Olen elätellyt toivetta, että jonakin päivänä seison pääsi keihääni kanssa ja voin saattaa taistelumme päätökseen. Tällaista tilaisuutta ei kuitenkaan ole koskaan avautunut minulle, mutta sinulle sellainen tarjoutui tänään. Olisit voinut tappaa minut silmänräpäyksessä. Miksi et tehnyt niin?"

Kuningas vastasi hänelle:

"Tämä ei ole ollut minulle tavallinen sota. Olen vannonut, että taistelen ilman vihaa. Kolmenkymmenen vuoden ajan olenkin tehnyt niin, mutta tänään tunsin hetken aikaa raivoa. Kun sylkäisit, sisälläni kuohahti ja tämä muuttui minulle henkilökohtaiseksi taisteluksi. Halusin tappaa sinut, egoni ilmaantui näyttämölle. Tähän asti olen ollut vapaa tuosta ongelmasta, koska näiden kolmenkymmenen vuoden ajan olemme taistelleet asian puolesta. Sinä et ole ollut minun viholliseni, eikä asiaan ei ole liittynyt mitään henkilökohtaista. En ole millään tavoin välittänyt tappaa sinua. Olen vain halunnut, että meidän asiamme voittaa, mutta tänään unohdin sen hetkeksi. Sinusta tuli viholliseni ja halusin tappaa sinut. Siksi en voi tappaa sinua. Niinpä jatkamme huomenna."

Mutta sota ei jatkunut enää, koska vihollisesta tuli nyt ystävä. Hän sanoi:
"Opeta minua. Ryhdy mestarikseni, niin minä olen sinun oppilaasi. Minäkin haluaisin taistella ilman vihaa."
Bhagavad-Gita opettaa tällaista takertumatonta toimintaa kristallinkirkkaasti:

"Välittämättä onnesta ja surusta, voitosta ja tappiosta, menestyksestä ja epäonnistumisesta – taistele taistelun itsensä vuoksi! Tällä tavoin et syyllisty syntiin."

Bhagavad-Gita II:38

"Tee siksi velvollisuutesi takertumattomuuden hengessä. Toimiessaan takertumatta ihminen saavuttaa Korkeimman."

Bhagavad-Gita III:19

"Omista kaikki tekosi Minulle. Taistele mieli keskittyneenä Itseen, vapaana odotuksista ja itsekkyydestä, vapaana kuumeisista huolista. Ne, jotka harjoittavat tätä Minun opetustani, täynnä uskoa ja vailla pikkumaista arvostelua, vapautuvat tekojensa seurauksista."

Bhagavad-Gita III:30-31

"Joogit luopuvat kiintymyksestä ja käyttävät ruumista, mieltä, älyä ja aisteja puhdistaakseen itsensä. Jumalalliseen tietoisuuteen vakiintunut luopuu tekojensa hedelmistä ja saavuttaa järkkymättömän rauhan. Hän, joka ei ole eheytynyt, himoitsee tekojensa hedelmiä ja pysyy kahleissa."

Bhagavad-Gita V:11-12

Tutkimalla mestarin opetuksia tai olemalla Amman kaltaisen suuren sielun seurassa, vakuutumme siitä, että henkiset opetukset pitävät sisällään lopullisen totuuden. Ihmisen todellinen olemus, joka on paljon hienosyisempi kuin aineellinen ruumis tai mieli, on *atmanin*, tuhoutumattoman tietoisuuden tai "minän", hienosyisin olemus. *Atman* ja sen alkulähde, *Brahman*, perimmäinen todellisuus, ovat perusolemukseltaan yhtä niin kuin tuli ja sen kipinä. Henkisyys on elämää, joka suuntautuu kohti elämän lopullista päämäärää. Ja tämä päämäärä on oivallus, suora kokemus *atmanin*, sielun, ykseydestä Korkeimman Olennon tai Jumalan kanssa. Yksilö jatkaa syntymistä aina uuteen ruumiiseen *samsarassa*, aluttomassa syntymän, kuoleman ja jälleensyntymisen kehässä, kunnes tämä on koettu. Niitä menetelmiä, joiden avulla voimme ylittää samaistumisemme ruumiiseen ja mieleen, kutsutaan joogaksi. Meidän tulee harjoittaa joogaa, kunnes saavutamme vapautumisen *samsarasta*.

Vaali uskoasi

"Jos menetät uskosi, surun täyttämä turhuuden tunne valtaa mielesi."

Amma

Miten menetämme uskomme? Toisinaan uskomme alkaa horjua, kun olemme sellaisten ihmisten seurassa tai luemme sellaisia kirjoja, jotka kannustavat meitä maalliseen ajatteluun. Näin kadotamme henkisen näkemyksemme ja elämämme tarkoituksen ja meistä alkaa tuntua, että vain maallisessa elämässä on järkeä. Jopa paikka, jossa asumme tai ravinto, jota syömme, voi saada aikaan meissä tällaisen muutoksen. Jos kuljemme maallisuuden tietä, tulemme lopulta pettymään – ehkä tässä elämässä tai jossakin tulevassa elämässä – sillä *jiva*, yksilöllinen sielu ei voi koskaan saavuttaa täyttymystä maallisuuden avulla. Miksi ei?

Hänen jalkojensa juuressa – 2. osa

Koska olemme pohjimmiltamme henkeä, joka on vain tilapäisesti sidoksissa aineelliseen kehoon. Vaellamme tässä valtavassa luomakunnassa etsien kestävää onnea. Voimme saavuttaa täyttymyksen vain sulautumalla henkiseen alkulähteeseemme. Sen tähden Amma sanoo, että jos kadotat henkisen polkusi, murheellinen turhuuden tunne saa sinut valtaansa.

"Huomioikaa Amman neuvoon sisältyvä sanoma ja edistäkää sisäistä puhtauttanne. Silloin, lapset, ikuisen autuuden jumalallinen maailma alkaa loistaa sisällänne."

Amma

Mikä on Amman opetuksen sanoma? Oivaltakaa Itse. Miten voimme saavuttaa sen? Ensimmäinen askel on edistää sisäistä puhtauttamme. Kehollinen puhtaus, kylpeminen ja ihon peseminen eivät puhdista mieltämme, muutenhan ankoilla ja kaloilla olisi puhdas mieli ja ne olisivat pyhimyksiä. Sisäinen puhtaus tarkoittaa mielen puhtautta. Me kaikki tiedämme mitä puhtaat ja epäpuhtaat ajatukset ovat. Puhtaat ajatukset tekevät meidät rauhallisiksi ja onnellisiksi. Epäpuhtaat ajatukset tekevät meistä levottomia ja onnettomia. Meidän on opeteltava harjoittamaan erottelukykyä näiden välillä, hylättävä edelliset ja edistettävä jälkimmäisiä. Tämä ei ole helppo tehtävä. Ymmärtämättä todellista henkisyyttä olemme hemmotelleet itseämme epäpuhtailla, maallisilla ajatuksilla sanomattoman pitkän ajan. Kaikissa henkisissä harjoituksissa on kyse siitä, että puhdistamme mieltämme *rajasisista*, intohimoisista ja *tamasisista*, taannuttavista ajatuksista ja lisäämme *sattvisia*, puhtaita ajatuksia. Tämän on kaiken *sadhanan*, henkisten harjoitusten, päämäärä. Lopulta meidän on luovuttava jopa *sattvisista*, ajatuksista, jotta jumalallinen luontomme paljastuisi.

Ikuisen autuuden jumalallinen maailma on sisällämme, se on puhdistuneen mielen todellinen olemus.
"Taivasten valtakunta on sisällänne", sanoi Jeesus.
Elimmepä missä tahansa lukuisista maailmoista, koemme sisällämme iloa, muuttumatonta ja puhdasta autuutta ja rauhaa. Mielen levottomuus itsessään on helvettiä. Puhdas mieli elää helvetissäkin autuuden tilassa. Tuo tila on kaiken kärsimyksen tuolla puolen.

Suufipyhimys

Mansur Al-Hallaj oli kuuluisa suufipyhimys, joka eli kymmenennellä vuosisadalla. Häntä kidutettiin ja hänet teloitettiin vuonna 922 hänen sanottuaan *"Ana al Haq"*, mikä tarkoittaa: "Minä olen Totuus". Hän kuoli hymy kasvoillaan tietoisena Itsestä.

Bhagavad-Gita puhuu tästä tilasta seuraavin sanoin:

"Kun hän saavuttaa tuon tilan, jota joogi pitää kaikista aarteista suurimpana, hän on vapaa suurimmankin onnettomuuden hetkellä.

Tuo tila tunnetaan joogana, kärsimyksestä vapaana tilana. Sen tähden joogaa tulee harjoittaa päättäväisesti ja vakaasti.

Luovu kaikista mielen synnyttämistä haluista ja odotuksista, ja hallitse mielesi avulla kaikki aistisi.

Hänen tulee vähä vähältä vetäytyä ja vakiinnuttaa erottelukykyinen ja luja mieli Itseen välttäen muiden asioiden ajattelemista.

Kun levoton ja epävakaa mieli vaeltaa keskittymisen kohteesta pois, olipa syy mikä hyvänsä, vetäköön joogi sen näistä häiriötekijöistä pois ja palauttakoon sen jälleen Itsen hallintaan.

Joogi, joka hallitsee intohimonsa, rauhoittaa mielensä, ja joka on yhtä Korkeimman kanssa, saavuttaa korkeimman siunauksen.

Joogi, joka on vapaa epäpuhtauksista ja joka harjoittaa joogaa kaiken aikaa, saavuttaa Jumalaan sulautumisen autuuden."

Bhagavad-Gita VI:22-28

15. luku

Mayan voimallisuus

"*Mayan* voima estää meitä kehittymästä henkisesti. Vietämme päivämme ruumiisemme samaistuneena, sydän täynnä surua. Mikä vahinko, että halun demoni pääsee vaikuttamaan meihin harhanomaisten viettelysten kautta, suistaen meidät *mayan* pimeisiin syvyyksiin ja muuttaen meidät kuoleman jumalan ravinnoksi. Jos jäät hänen otteeseensa, voi sinua, sillä menetät sielusi. Kaikki murheesi sen sijaan päättyvät, jos luovut haluistasi ja kaipaat yksin Jumalaa."

Amma

Mayan voima vetää meitä alaspäin, pois Jumalan luota, pois alkulähteestämme, autuuden valtamerestä. Se saa meidät unohtamaan todellisen itsemme ja samaistumaan katoavaan puoleen olemuksestamme; ruumiiseemme ja persoonallisuuteemme. Kun niin pääsee käymään, menetämme ymmärryksen siitä, mitä on todellinen onni. Alamme etsiä sitä mielen ja aistien nautinnoista. Koemme aina kuolemaamme asti onnen ja tuskan jatkuvaa vaihtelua. Pääsemme kokemaan helpotusta vain syvässä unessa. Edes kuolema ei tarjoa ratkaisua tähän ikuiseen ongelmaan. Sama harha jatkuu seuraavassa maailmassa ja sen jälkeen. Kun ymmärrämme tämän ja tiedämme, että ainoa ratkaisu on vapautus, meidän tulee ponnistella voimallisesti sen saavuttamiseksi.

Ikävä kyllä *maya* saa aikaan sen, että moni asia näyttää houkuttelevalta näyttäytyen meille mielihyvän ja onnen lähteenä ja estää meitä näkemästä asioihin liittyviä rumia puolia, kärsimyksen ja tuskan mahdollisuutta ja todennäköisyyttä. Varsinkin kehollinen ulkonäkö on harhauttavaa. Kehollinen kauneus houkuttaa meitä jokaista, ja kuitenkin olemme kuulleet sanottavan: "Kaikki ei ole kultaa, mikä kiiltää." Ihminen voi olla hyvin pukeutunut, komea tai kaunis, mutta sisäisesti hän voi olla itse pirulainen. Niinpä jos voisimme nähdä pinnan alle, emme olisikaan niin lumoutuneita! Vaikka olemme juosseet koko elämän ajan *mayan* perässä, emme valitettavasti saavuta kaipaamaamme onnea tai pysyvää rauhaa. Toistamme samaa kaavaa kerta toisensa perään, kuin lehmä, joka märehtii rehua. Toisin kuin Amma, emme kykene näkemään katoamatonta katoavaisessa, koska tapamme katsoa on luonteeltaan kovin karkea.

Kummallisinta on se, että vaikka kuulemme, ymmärrämme ja tiedämme tämän olevan totta, emme silti kykene ryhtymään vakaviin ponnistuksiin tilanteen korjaamiseksi. Vaikka astummekin polulle kulkeaksemme kohti totuutta, ikiaikaiset tapamme vetävät meidät uudestaan ja uudestaan takaisin *samsaran* mereen. Meistä tuntuu, että henkiset totuudet ovat kaukaisia haaveita, eivät polttavan tärkeitä totuuksia. Olemme kuin valtameren pohjassa eläviä olentoja, jotka eivät ole halukkaita uimaan pinnalle päästäkseen nauttimaan valosta. Vasta kun ymmärrämme tilanteemme äärimmäisen vakavuuden, ryhdymme tarvittaviin toimiin paetaksemme. Sitä ennen Amma sanoo meille: "Tehkää näin, lapseni", ja me vastaamme: "Ei vielä, Amma. Minulla on vielä muita tärkeitä asioita tehtävänä."

Rikas kauppias

Olipa kerran rikas liikemies, joka omisti monta kauppaa ja varastoa. Hänen toimipaikkansa ja kotinsa välissä sijaitsi pieni Shiva-temppeli. Joka ilta matkallaan kotiin hän pysähtyi sinne palvomaan Jumalaa vuodattaen kaikki huolensa Jumalan jalkojen juureen. Hän rukoili:

"Oi Shiva, olen väsynyt tähän elämään. Kuinka paljon huolia minulla onkaan, kuinka paljon työtä teenkään ja kuinka paljon unettomia öitä vietänkään! Vapauta minut näistä ongelmista ja ota minut jalkojesi juureen."

Tähän tapaan hän rukoili joka päivä ja tuli usein temppeliin kovin myöhään töiden jälkeen. Tämä huolestutti temppelin pappia. Temppelin oli määrä sulkeutua yhdeksältä illalla, mutta kauppias tuli paikalle aina vasta kymmenen jälkeen. Niinpä pappi ei päässyt nukkumaan, ennen kuin kauppias oli lähtenyt. Hän ei voinut työpaikkansa menettämisen pelossa myöskään kieltäytyä tästä, koska mies oli yhteisön vaikutusvaltainen jäsen. Siksi hän rukoili Jumalalta, että hän löytäisi keinon, jolla hän voisi vapautua kyseisestä harmista.

Lopulta pappi keksi suunnitelman. Kun mies saapui temppeliin kymmeneltä illalla tavalliseen tapaan, pappi piilotteli Shivan patsaan takana. Kauppias aloitti tavanomaisen rukouksensa:

Oi Jumala! Olen väsynyt tähän kurjaan elämääni. Pyydän, ota minut jalkojesi juureen."

Tuskin hän oli ehtinyt lausua tätä, kun temppelin kaikkein pyhimmästä alkoi kaikua kumiseva ääni:

"Tule! Tule Minun luokseni tällä minuutilla, otan sinut luokseni ikuisesti."

Mies lähes pyörtyi järkytyksestä. Saatuaan äänensä jälleen toimimaan, hän huudahti:

"Jumala! Suo anteeksi, mutta minulla on täytettävänä satoja velvollisuuksia. Tyttäreni häät ovat ensi viikolla, poikani pitää päästä lääketieteelliseen, eikä vaimoni ole palannut vävyni talosta. Olen ostanut uuden varaston ja allekirjoitustilaisuus on perjantaina. Kun olen saanut kaiken tämän tehdyksi, minä tulen, oi Jumala!"

Tämän sanottuaan kauppias juoksi pois temppelistä. Papin ei tarvinnut enää koskaan valvoa myöhään, sillä kauppias ei ikinä tullut takaisin!

Saatamme kuulla jonkun menestyneen ja kunnianhimoisen nuoren ihmisen kuolleen. Silloin ajattelemme mielessämme: "Näin ei tietenkään tapahtuisi minulle". Antaudumme *mayan* lumovoiman valtaan aina elämämme loppuun asti. Jäämme tavoittelemaan jotakin, unohdamme totuuden ja meistä tulee 'kuoleman jumalan ruokaa'. Vain siinä tapauksessa, että elämme henkiselle oivallukselle omistautunutta elämää, siirrymme Jumalan luo jättäessämme tämän maailman sen sijaan, että menisimme sen toisen jumalan (kuoleman jumalan) luo.

Halujen hallinta

Kuuluisa venäläinen kirjailija ja filosofi Leo Tolstoi kirjoitti tarinan, joka on oivallinen vertauskuva tarpeesta asettaa rajat haluillemme, *mayan* houkutuksille. Tarinasta käy oivallisesti ilmi se, että kun unohdamme kuoleman, saatamme liioitella tavoitellessamme päämääriämme ja päätyä lopulta kuoleman jumalan aamiaiseksi.

Tarina kertoo talonpojasta nimeltä Pahom, joka teki ahkerasti ja rehellisesti töitä perheensä elättämiseksi. Hänellä ei ollut omaa maata, jota viljellä, joten hän pysyi köyhänä. Lähellä Pahomin kylää eli nainen, joka omisti kolmesataa eekkeriä maata. Eräänä talvena alkoi levitä huhu, että nainen aikoi myydä maansa. Pahom kuuli, että hänen naapurinsa aikoi ostaa viisikymmentä eekkeriä ja että nainen oli suostunut osamaksuun, jossa puolet kauppasummasta maksettiin heti ja toinen puoli vuoden kuluttua.

Pahom ja hänen vaimonsa miettivät, miten he voisivat ostaa itselleen maapalan. Heillä oli säästössä sata ruplaa. He myivät varsan, puolet mehiläisistään, antoivat poikansa ulkopuolisille työntekijäksi ja saivat hänestä palkan ennakkoon. He lainasivat puuttuvan osan kauppahinnasta Pahomin langolta. Sitten hän valitsi itselleen neljänkymmenen eekkerin palstan, josta osa oli metsittynyttä, ja osti sen.

Niinpä Pahomilla oli nyt omaa maata. Hän lainasi siemeniä, kylvi ne ja korjasi hyvän sadon. Hän onnistui maksamaan vuodessa velkansa naiselle ja langolleen. Hänestä tuli maanomistaja, joka aurasi ja kylvi omaa maataan, teki heinää, kaatoi puita ja ruokki karjaansa omalla rehullaan.

Eräänä päivänä Pahom istuskeli kotonaan, kun eräs talonpoika sattui kulkemaan kylän läpi ja pysähtyi Pahomin luona. Pahom kysyi häneltä, mistä hän oli tulossa. Muukalainen vastasi, että hän oli tulossa Volgajoen toiselta puolen, missä hän oli ollut töissä. Yksi keskustelun aihe johti toiseen ja mies kertoi, että siellä oli myytävänä paljon maata ja, että monet ihmiset muuttivat sinne ostaakseen sitä. Maa oli miehen kertoman mukaan niin hyvää, että eräälläkään talonpojalla ei ollut sinne tullessaan mukanaan mitään muuta kuin paljaat kätensä, mutta nyt hän omisti kuusi hevosta ja kaksi lehmää.

Pahomin sydän täyttyi toiveista. "Miksi minun täytyisi kärsiä tässä pienessä kolossa", hän ajatteli, "jos muualla voi elää niin hyvin? Myyn maani ja kotitaloni täällä ja aloitan saamillani rahoilla uuden elämän siellä."

Niinpä Pahom myi maansa taloineen ja karjoineen voitolla ja muutti perheineen uuteen asuinpaikkaan. Kaikki, mitä talonpoika oli kertonut hänelle, piti paikkansa, ja pian Pahomilla oli kymmenen kertaa paremmat olot kuin aikaisemmin. Hän osti paljon viljely- ja laidunmaata ja kykeni pitämään niin monia karjaeläimiä kuin halusi.

Kaikki miellytti Pahomia hänen asettuessaan aloilleen ja rakentaessaan uutta, mutta pian hän tottui uuteen ja ajatteli, ettei hän ollut täälläkään tyytyväinen.

Sitten eräänä päivänä läpikulkumatkalla ollut maanvälittäjä kertoi, että hän oli palaamassa kaukaisesta baškiirien maasta.

Hän oli ostanut sieltä kolmetoistatuhatta eekkeriä maata vain tuhannella ruplalla.

"On vain ystävystyttävä päälliköiden kanssa", hän sanoi. "Annoin heille sadan ruplan arvosta pukuja ja mattoja, pussillisen teetä sekä viiniä niille, jotka sitä joivat, ja sain eekkerin maata alle kahdella kopeekalla."

Pahom ajatteli, että hän voisi saada sieltä kymmenen kertaa enemmän maata kuin mitä hänellä nyt oli. "Minun on yritettävä sitä!"

Niinpä hän jätti perheensä huolehtimaan talosta ja lähti matkalle palvelija mukanaan. He pysähtyivät matkan varrella olevassa kaupungissa ja ostivat pussillisen teetä, vähän viiniä ja muita lahjoja, kuten kauppias oli neuvonut. He matkasivat yli viisisataa kilometriä, kunnes saapuivat seitsemäntenä päivänä alueelle, jonne baškiirit olivat pystyttäneet telttansa.

Nämä tulivat ulos teltoistaan ja kerääntyivät vieraansa ympärille heti, kun näkivät Pahomin. He tarjosivat hänelle teetä ja runsaasti ruokaa. Pahom jakoi lahjat kärrystään ja kertoi, että hän oli tullut hankkimaan maata. Baškiirit vaikuttivat hyvin iloisilta ja sanoivat, että hänen oli puhuttava asiasta päällikön kanssa. Niinpä he lähtivät hakemaan päällikköä ja selittivät, miksi Pahom oli tullut.

Päällikkö kuunteli aikansa ja viittasi sitten päällään muita hiljenemään. Osoittaen puheensa Pahomille hän sanoi:

"Olkoon niin. Valitse itsellesi mikä tahansa alue maata, jonka haluat. Meillä on sitä runsaasti."

"Ja paljonko maa maksaa?" kysyi Pahom.

"Hintamme on aina sama: tuhat ruplaa päivästä."

Pahom ei ymmärtänyt.

"Päivästä? Mikä mitta se on? Paljonko se tekee eekkereissä?"

"Myymme sen päivämitalla. Saat niin paljon maata kuin pystyt kävelemään päivässä, ja hinta on tuhat ruplaa."

Pahom oli yllättynyt.

"Mutta päivässä voi kävellä laajan maa-alueen ympäri", hän sanoi.

Päällikkö sanoi nauraen:

"Se kaikki on sinun! Mutta on olemassa yksi ehto: Jos et palaa saman päivän aikana lähtöpaikkaan, menetät rahasi!"

Pahom oli riemuissaan, mutta hän ei pystynyt nukkumaan yöllä. Hän ajatteli vain maata. "Kuinka laajan maa-alueen voinkaan merkitä itselleni!" hän ajatteli. "Pystyn helposti kävelemään yli viisikymmentäviisi kilometriä päivässä. Päivät ovat nyt pitkiä ja kuinka paljon maata jääkään viidenkymmenenviiden kilometrin kaaren sisään!"

Aamulla he kapusivat kukkulalle, laskeutuivat alas hevosen vetämistä kärryistä ja kerääntyivät yhteen paikkaan. Päällikkö tuli Pahomin luo ja viittasi kädellään tasangon suuntaan.

"Katso", hän sanoi. "Tämä kaikki on sinun, niin pitkälle kuin silmä kantaa. Voit ottaa siitä minkä tahansa osan."

Pahomin silmät kiiluivat. Se oli koskematonta maaperää, tasaista kuin kämmenen pinta, mustaa kuin unikonsiemen, ja monin paikoin kasvoi erilaisia ruohoja rinnan korkeudelle asti. Hän riisui päällystakkinsa, laittoi pienen pussillisen leipää liivinsä taskuun, sitoi housuihinsa vesipullon ja oli valmis matkaan. Hän mietti hetkisen, mihin suuntaan olisi paras lähteä. Kaikki suunnat näyttivät houkuttelevilta.

Pahom alkoi kävellä, ei liian nopeasti eikä hitaasti. Käveltyään kilometrin hän pysähtyi ja ajatteli, että oli kävellyt viitisen kilometriä. Ilma oli lämmennyt melkoisesti. Hän katsoi aurinkoon. Oli aika jo ajatella aamiaista. "Kävelen vielä toiset viisi kilometriä", hän ajatteli, "ja sitten käännyn vasemmalle. Tämä paikka on niin upea, että olisi ikävä menettää se. Edetessä maa näyttää vain paremmalta."

Hän jatkoi matkaansa jonkin aikaa, ja kun hän katsoi ympärilleen, hän näki että kukkula oli enää tuskin näkyvissä ja ihmiset siellä näyttivät pieniltä kuin muurahaiset. Hän näki vain jonkin kimaltelevan auringossa. "Ah", Pahom ajatteli, "olen kävellyt tarpeeksi pitkälle tähän suuntaan. On aika kääntyä. Sitä paitsi minulla on kova jano".

Hän jatkoi yhä vain kulkuaan. Heinä oli korkeaa, ja oli todella kuuma. Pahom alkoi väsyä. Hän katsoi aurinkoa ja näki, että oli keskipäivä. Hän ajatteli: "Minun on pidettävä lepohetki." Hän istui syömään leipää ja juomaan vettä, mutta sitten hän ajatteli: "Hetki kärsittävänä, elämä elettävänä." Sitten hän jatkoi taas matkaa.

Hän jatkoi pitkään kulkuaan ja katsoi sitten kukkulan suuntaan. Kuumuus teki ilman autereiseksi. Ilma värisi ja ihmiset kukkulalla olivat utuisuuden vuoksi hädin tuskin nähtävissä. Hän katsoi aurinkoon: se oli lähes puolivälissä matkallaan kohti horisonttia, ja hänellä oli vielä yli viisitoista kilometriä matkaa päämääräänsä.

Pahom eteni suoraan kohti kukkulaa, mutta nyt hänen oli jo vaikea kävellä. Hän oli kuumuuden uuvuttama, paljaat jalat olivat haavoilla ja mustelmilla, ja hänen jalkansa eivät oikein enää jaksaneet kantaa häntä. Hän kaipasi lepoa, mutta lepo ei käynyt päinsä, mikäli hän halusi päästä takaisin ennen auringonlaskua. Aurinko ei odota ihmistä, ja se oli laskeutumassa yhä alemmas ja alemmas.

Pahomin oli vaikea kävellä, mutta hän eteni yhä nopeammin ja nopeammin. Hän ponnisteli eteenpäin, mutta hän oli yhä hyvin kaukana kohtaamispaikasta. Hän alkoi juosta. "Mitä minun pitäisi tehdä?", hän ajatteli. 'Olen haukannut liian suuren palan ja pilannut koko jutun. En pääse perille ennen auringonlaskua.'

Pelko salpasi hänen hengityksensä. Pahom jatkoi juoksuaan. Hänen likomärät housunsa ja paitansa tarttuivat ihoon kiinni. Suu oli kuivunut, rintakehään sattui, ja keuhkot vinkuivat kuin sepän palkeet. Hänen sydämensä löi kuin vasara ja hänen jalkansa tuntuivat siltä, niin kuin ne eivät olisi lainkaan kuuluneet hänelle. Pahomia alkoi kauhistuttaa ajatus, että hän kuolisi ylirasituksesta. Vaikka hän pelkäsi kuolemaa, hän ei voinut pysähtyä. 'Juostuani koko matkan he nimittävät minua typerykseksi, jos pysähdyn nyt.' Niinpä hän juoksi ja juoksi ja raahautui kohti baškiireja, joiden hän kuuli huutavan ja hihkuvan hänelle. Heidän huutonsa lietsoivat häntä, ja hän keräsi viimeiset voimansa rippeet ja juoksi yhä edelleen.

Aurinko oli lähellä taivaanrantaa: se oli juuri laskemaisillaan! Se oli jo todella alhaalla, mutta niin oli Pahomkin lähellä maaliaan. Pahom pystyi jo näkemään ihmisten kukkulalla viittovan häntä kiirehtimään. Viimeisillä voimillaan hän ryntäsi eteenpäin kallistuen eteenpäin niin, että hänen jalkansa pysyivät juuri ja juuri mukana vauhdissa estäen häntä kaatumasta. Juuri kun hän tuli kukkulan juurelle, tuli pimeää. Hän katsoi ylös – aurinko oli laskenut! Hän huudahti:

"Kaikki vaiva turhan takia!" Hän oli jo aikeissa pysähtyä, kun hän kuuli baškiirien yhä huutavan. Hän tajusi, että hänen omasta näkökulmastaan katsoen aurinko oli jo laskenut, mutta kukkulalla ylempänä olevat ihmiset pystyivät yhä näkemään sen. Niinpä hän hengähti syvään ja juoksi ylös kukkulan rinnettä. Siellä oli yhä valoisaa, ja hän pääsi kukkulan laelle. Päällikkö nauroi siellä kylkiään pidellen. Pahomilta pääsi huuto. Hänen jalkansa pettivät alta ja hän kaatui eteenpäin. Pahom oli kuollut!

Hänen palvelijansa otti esiin lapion ja kaivoi haudan, johon Pahom mahtui makaamaan ja hautasi hänet siihen. Eikä hän tarvinnut kahta metriäkään maata!

16. luku

Jumala on kaiken tekijä

Vain Jumalan armo voi poistaa kielteiset ominaisuutemme

Eräässä taistelussa taivaallisten olentojen ja demonien välillä, taivaalliset olennot saavuttivat voiton. Tällaisia taisteluita hyveiden ja paheiden välillä käydään kaiken aikaa tietoisuuden kaikilla tasoilla. Joskus hyvyyden voimat voittavat ja toisinaan taas kielteisyyden voimat. Tässä taistelussa taivaalliset olennot kuitenkin voittivat. He ylpistyivät ja ajattelivat voiton johtuvan heidän omasta voimastaan. He unohtivat kaikkien tekojen takana olevan näkymättömän voiman, jota kuvataan elämän elämänä tai Jumalana, jumalallisena voimana.

Poistaakseen tämän turhamaisuuden, joka on kompastuskivi henkisellä polulla, myötätuntoinen perimmäinen Brahman, kaikkitietävä puhdas tietoisuus ilmestyi heille salaperäisen hengen, *yakshan* muodossa. Tämä hahmo, jota taivaalliset olennot eivät olleet nähneet aiemmin, oli yli-inhimillinen, uskomattoman voimallinen ja jättiläismäinen. He olivat ällistyneitä tämän ihmeellisen olennon ulkoisen olemuksen vuoksi.

Agni, tulen jumala, valtuutettiin selvittämään, kuka tai mikä tuo olento oikein oli. Ennen kuin tulen jumala saattoi alkaa tiedustelemaan asiaa, hän joutui yakshan kuulustelemaksi. Kun häneltä kysyttiin, kuka hän oli, ja mikä hänen voimansa oli, tulen jumala vastasi turhamaisesti, että hän oli tunnettu tulen jumala, ensimmäinen taivaallisten olentojen joukossa ja että hän kykeni polttamaan koko maailman maan tasalle. Tällä tavoin Agni antoi yakshalle syyn voimiensa koettelemiseen. Yaksha asetti Agnin eteen kuivan korren ja pyysi tätä polttamaan sen. Agni ei pystynyt polttamaan sitä, sillä yaksha, korkein voima kaikkien tekojen takana, oli vienyt häneltä polttamisen voiman. Agni ei pystynyt edes koskettamaan tai ravistamaan tuota pientä kuivaa korttaǃ Pää painuksissa häpeästä ja turhautumisen tunteesta Agni palasi jumalien luo.

Sen jälkeen oli Vayun, tuulen jumalan vuoro mennä selvittämään yakshaan liittyvää salaisuutta. Kun Vayulta kysyttiin samat kysymykset kuin Agnilta, hän vastasi samaan tapaan:

"Voin puhaltaa kaiken pois maan päältäǃ" Vayu vastasi ylpeänä.

Yaksha laittoi ruohonkorren hänen eteensä ja pyysi puhaltamaan sen pois. Vayu yritti, mutta korsi ei hievahtanutkaan. Hänen egonsa musertui. Nolona ja pää painuksissa hän ei muistanut edes kysyä yakshalta, kuka tämä oikein oli vaan poistui nöyryytettynä.

Seuraavaksi matkaan lähti itse Indra, kolmen maailman valtias. Hän ajatteli, että ehkäpä hän jumalten kuninkaana pystyisi siihen, mihin muut eivät olleet pystyneet. Indra oli epäilemättä voimakkaampi kuin hänen alaisuudessaan olevat jumalat.

Indra oli valmistautunut, mutta kun hän pääsi paikalle, yaksha katosi. Hänen tilallaan Indra näki kauniin naisen. Se oli jumalatar Parvati. Indra kysyi häneltä yakshasta ja Parvati vastasi:

"Yaksha on itse jumalallinen olento. Hänen voimansa ansiosta te voititte demonit."

Tämän kuullessaan Indra oivalsi, että jumalat olivat olleet tietämättömän omahyväisiä, ja että voima kaikkeen tulee perimmäiseltä olevaiselta, näkymättömältä kaiken tekijältä. Hän lähti nöyränä takaisin ja Parvati katosi. Sitten Indra kertoi tästä kaikesta jumalille. Koska hän oli yksi ensimmäisistä jumalista, jotka saivat tietää Korkeimman Hengen kaikkivoipaisuudesta, häntä pidettiin suurimpana heidän joukossaan.

Eräs opetus tässä tarinassa on se, että kielteiset *vasanat* voidaan voittaa vain Jumalan armon avulla. Ilman Jumalan armoa, voimaa ja tahtoa ruohonkorsikaan ei liikahda. Nöyryys on edellytys sille, että voimme oppia henkisiä periaatteita. Meidän tulisi koko ajan muistaa, että Jumala johtaa näytelmää ja pitää huolen kaikkein vähäisimmistäkin asioista. Kun olemme tietoisia Jumalan jatkuvasta läsnäolosta sisimmässämme, todellinen nöyryys herää meissä. Pelkkä antaumuksellinen asenne ei riitä saamaan sitä aikaan. Meidän on saatava tästä suora kokemus, joka syntyy voimallisesta *sadhanasta* ja antautumisesta.

Kristus, tuo maailmasta luopumisen ja uskon suuri sielu, sanoi:

"Katsokaa kukkia, kuinka ne nousevat maasta: eivät ne näe vaivaa eivätkä kehrää. Minä sanon teille: ei edes Salomo kaikessa loistossaan ollut niin vaatetettu kuin mikä tahansa niistä. Kun Jumala tuolla tavoin pukee ruohon, joka tänään kasvaa kedolla ja huomenna joutuu uuniin, niin paljon ennemmin hän teistä huolehtii, te vähäuskoiset! Älkää siis murehtiko, mitä söisitte ja joisitte. Älkää sitä etsikö. Tätä kaikkea maailman ihmiset tavoittelevat; teidän Isänne tietää kyllä, että te sitä tarvitsette. Etsikää Hänen valtakuntaansa, niin te saatte myös kaiken tämän."[3]

Jokaisen tapahtuman takana tässä maailmassa, pienen tai suuren, merkityksellisen tai merkityksettömän, on yksin Jumala. Hänen voimansa tekee kaiken. Hän saa aikaan sen, että voittaja voittaa ja voitettu häviää. Hän tekee ihmeitä ja me voimme nähdä jokaisen tapahtuman elämässämme ihmeenä, jos vain sukellamme riittävän syvälle tapahtumien taustalla oleviin syihin. Hän on

---

3 Luuk. 12:27-31.

kaikkialla ja siltikään Häntä ei voi nähdä niin kuin me näemme ihmisen tai esineen. Häntä tulisi sen tähden mietiskellä kaikkien tapahtumien perimmäisenä syynä tässä ja kaikissa maailmoissa.

"Antautuminen syntyy oman avuttomuutesi oivaltamisesta, sen ymmärtämisestä, että kaikki, mitä väität omaksesi – älysi, kauneutesi ja viehätysvoimasi – eivät ole mitään suuren ja vääjäämättömän kuoleman rinnalla. Kuolema vie meiltä kaiken. Tämä oivallus herättää sinut. Sinusta tulee valpas. Oivallat, että esität vaatimuksia asioiden suhteen, jotka eivät ole itse asiassa sinun. Sen tähden, antaudu. Voit nauttia monista elämän iloista, mutta sinun tulee tehdä niin tietoisena siitä, että ne voidaan viedä sinulta milloin tahansa. Jos elät elämääsi tietoisena tästä, seuraa antautuminen."

"Siihen asti kunnes oivallat, että olet avuton, että egosi ei voi pelastaa sinua, että kaikki mitä olet hankkinut, ei ole mitään, Jumala tai guru jatkaa tämän totuuden oivaltamiseen tarvittavien olosuhteiden luomista. Kun oivallus tapahtuu, antaudut. Silloin vapaudut peloistasi ja annat gurun tai Jumalan tanssia egosi päällä maatessasi hänen jaloissaan. Silloin sinusta tulee todellinen oppilas. Tässä on maahan kumartumisen todellinen merkitys."

"Kaikkien sielujen todellinen päämäärä on luopua kaikista rauhan ja täyttymyksen tunteen esteistä. Tuon hetken koittaessa egosi putoaa pois, etkä enää kamppaile. Et valita etkä mieti, pitäisikö sinun päästää irti vai ei. Kumarrut vain maahan ja antaudut. Syvällä sisimmässään jokainen sielu odottaa tämän suuren luopumisen tapahtumista."

"Todellinen rukous ei sisällä minkäänlaisia ehdotuksia, ohjeita tai vaatimuksia. Vilpitön oppilas sanoo yksinkertaisesti: 'Oi Jumala, en tiedä, mikä on minulle hyväksi ja mikä pahaksi. En ole kukaan, enkä mitään. Sinä tiedät kaiken. Tiedän, että sen mitä teet, täytyy olla minulle parhaaksi. Siksi, tee niin kuin Sinä haluat.' Todellisessa rukouksessa kumarrut, antaudut ja ilmoitat avuttomuutesi Jumalalle."

Amma

Ero henkisen ja vähemmän henkisen ihmisen välillä on heidän suhtautumisessaan elämään, ei heidän kokemuksissaan. Jokainen saa osansa iloista ja suruista. Kahdella ihmisellä voi olla samanlaiset kokemukset, mutta he saattavat suhtautua niihin eri tavalla. Yksi hyötyy ja kasvaa viisaudessa, toinen ei. Henkinen oppilas näkee Jumalan käden jäljen kaikessa siinä, mitä tapahtuu. Kuitenkin ainoastaan *mahatma* ymmärtää todella Hänen tarkoituksensa ja tahtonsa.

Ole oma itsesi

Japanissa eli aikoinaan köyhä kivenhakkaaja nimeltä Hofus. Hän meni joka päivä vuoren rinteelle hakkaamaan kivenjärkäleitä. Hän asui vuoren lähellä pienessä kivimajassa, työskenteli ahkerasti ja oli onnellinen.

Eräänä päivänä hän vei kivilastin rikkaan miehen talolle. Hän näki siellä monia kauniita esineitä. Kun hän palasi vuorelleen, hän ei pystynyt ajattelemaan enää mitään muuta. Hän alkoi toivoa, että hänkin saisi nukkua untuvapatjalla, sängyllä, jossa olisi silkkiverhot ja kultahapsut. Hän huokaili ääneen: "Voi minua! Olisipa Hofuskin yhtä rikas!"

Hämmästyksekseen hän kuuli vuoren hengen vastaavan: "Toteutukoon toiveesi!"

Kun Hofus palasi kotiin tuona iltana, hänen pieni majansa oli kadonnut ja paikalla oli upea palatsi. Se oli täynnä kauniita esineitä, ja parasta kaikessa oli untuvasänky, jossa oli silkkiverhot ja kultahapsut.

Hofus päätti lopettaa työnteon, mutta hän ei ollut tottunut olemaan toimettomana. Aika kului hitaasti ja päivät tuntuivat pitkiltä.

Eräänä päivänä istuessaan ikkunan luona, hän näki lumivalkoisten hevosten vetämien vaunujen kiitävän ohitse. Niissä istui prinssi, jonka edessä ja takana oli sinisiin ja valkoisiin pukeutuneita palvelijoita. Eräs heistä piteli kultaista päivänvarjoa prinssin yllä. Kun kivenhakkaaja näki tämän, hän tunsi itsensä onnettomaksi ja huokaisi:

"Voi minua! Kunpa Hofuskin olisi prinssi!"

Ja jälleen sama ääni, jonka hän oli kuullut vuorella, vastasi:

"Saat olla prinssi!"

Hofuksesta tuli välittömästi prinssi. Hänellä oli palvelijoita, jotka olivat pukeutuneet karmiininpunaiseen ja kultaan. Hän matkusti vaunuissa kultainen päivänvarjo päänsä yläpuolella. Jonkin aikaa hän oli onnellinen, mutta eräänä päivänä, kun hän käveli puutarhassa, hän näki kukkien olevan kuihtuneita ja ruohon kuivaa ja kellastunutta. Poistuessaan hän tunsi auringon polttavan häntä päivänvarjosta huolimatta.

"Aurinko on mahtavampi kuin minä", hän ajatteli. Niinpä hän huokasi:

"Voi minua! Voi minua! Kunpa Hofus olisi aurinko!"

Ja ääni vastasi:

"Saat olla aurinko!"

Ja niin hänestä tuli aurinko. Hän korvensi nurmikoita ja riisipeltoja ja kuivatti jokia. Niin köyhät kuin rikkaatkin kärsivät yhtä lailla polttavasta kuumuudesta.

Eräänä päivänä pilvi asettui hänen eteensä lepäämään ja peitti maan näkyvistä. Hän oli vihainen ja huusi:
"Voi minua! Voi minua! Voisipa Hofus olla pilvi!"
Ja ääni vastasi:
"Saat olla pilvi!"
Niinpä hänestä tuli pilvi, ja hän leijaili auringon kasvojen eteen peittäen maan auringon edestä. Eräänä päivänä pilvi alkoi pudottelemaan vettä. Joet tulvivat yli äyräidensä ja riisipellot olivat veden peitossa. Kokonaiset kaupungit pyyhkiytyivät pois. Vain suuret kivenjärkäleet vuoren rinteillä pysyivät paikoillaan tulvan keskellä. Pilvi katsoi niitä ihmeissään huoaten:
"Voi minua! Voi minua! Voisipa Hofus olla kivenjärkäle!"
Ja ääni vastasi:
"Saat olla kivenjärkäle!"
Hänestä tuli välittömästi kivenjärkäle. Hän seisoi ylväästi. Aurinko ei voinut polttaa häntä, eikä sade liikuttaa.
Niinpä hän sanoi itselleen:
"Lopultakaan kukaan ei ole minua mahtavampi."
Eräänä päivänä hän heräsi unelmistaan kuullessaan hakkaamisen ääntä. Hän näki kivenhakkaajan lyövän talttaa kivenjärkäleen kylkeen. Vielä yksi isku ja suuri järkäle vapisi, kun siitä irtosi kappaleita.
"Tämä mies on minua mahtavampi!" Hofus huudahti ja huokaisi:
" Voi minua! Voi minua! Voisipa Hofus olla tuo mies!"
Ja ääni vastasi:
"Ole siis oma itsesi!"
Ja niin Hofus oli jälleen vanha oma itsensä, köyhä kivenhakkaaja, joka teki töitä päivät pitkät vuoren rinteellä ja palasi pieneen majaansa illalla. Mutta nyt hän oli tyytyväinen ja onnellinen, eikä hän enää milloinkaan toivonut olevansa mitään muuta kuin kivenhakkaaja-Hofus.

Samalla tavoin eräs mies kävi makaamaan sängylleen ja uneksi matkaavansa kaikkialla maailmankaikkeudessa. Lopulta hän heräsi ja löysi itsensä omasta sängystään. Sellainen on *mayan* uni, jota me kaikki näemme.

17. luku

Herätkää!

"Lapseni, puhdistakaa mielenne ja ymmärtäkää *dharman*, hyvyyden, syvin olemus. Jos annatte paheellisten mielihalujenne kiinnittyä aina vain uusiin asioihin, se johtaa lopulta vain pettymykseen."

Amma

Oppilas: "Miksi ihmiset tekevät virheitä?"
Amma: "Elämme sen harhaluulon vallassa, että maailma antaisi meille onnea. Niinpä juoksemme hullun lailla sinne tänne tavoittaaksemme onnen. Mutta kun halumme jäävät täyttymättä, turhaudumme ja vihastumme. Kun emme ymmärrä sitä, mikä on tarpeellista ja mikä tarpeetonta, toimimme omien halujemme mukaan. Ja tätäkö me kutsumme elämäksi? Kenessä on silloin vika?"

Oppilas: "On sanottu, että ilman Jumalaa ja Hänen tahtoaan ei edes ruohonkorsi voisi taipua tuulessa. Onko siis oikein syyttää ihmistä virheistä, jos kerran Jumala saa meidät tekemään kaiken?"

Amma: "Sellaisen ihmisen, joka ymmärtää, että 'todellinen toimija en ole minä vaan Jumala', on mahdotonta syyllistyä vääriin tekoihin. Hän ymmärtää, että kaikki on Jumalan läpäisemää. Sellainen oppilas ei voi edes ajatella mitään väärää. Tämä tarkoittaa, että hänellä, joka on kohonnut virheiden tekemisen tuolle puolen, on vakaumus, jonka mukaan 'Yksin Jumala on toimija, eikä edes ruohonkorsi voi liikkua ilman Häntä.' Hän, jolla on vakaumus, että Jumala yksin toimii, ei tee virheitä eikä syntiä. Hänen, joka kokee 'minä olen toimija', on puolestaan hyväksyttävä omien tekojensa seuraukset. Tehtyään murhan ei ole oikein sanoa, että Jumala on toimija. Sillä hän, joka ajattelee, että 'Jumala on todellinen toimija', ei tee murhaa. Eikö totta?"

Bramiini, joka tappoi lehmän

Olipa kerran vanha bramiini, joka omisti kauniin puutarhan. Hän rakasti puutarhaansa suuresti ja vietti paljon aikaa sitä hoitaen. Eräänä päivänä brahmiinin lähtiessä katsomaan, kuinka hänen mangotaimensa jaksoivat, hän havaitsi suureksi tyrmistyksekseen vapaana kuljeskelevan lehmän, joka söi hänen rakkaudella istuttamiaan taimia hänen puutarhassaan. Hän raivostui ja alkoi lyödä lehmää kepillä. Laiha vanha lehmä ei kestänyt hänen lyöntejään vaan kaatui kuolleena maahan.

"Oi Jumala! Mitä olenkaan tehnyt! Tapoin lehmän!" bramiini vaikersi.

Uutiset kantautuivat kyläläisten korviin ja he tulivat bramiinin talolle.

"Olet tehnyt synneistä suurimman tappamalla lehmän", yksi heistä torui. "Olet asettanut puutarhasi lehmän yläpuolelle."

Toinen kyläläinen lisäsi:

"Lehmä antaa meille maitoa. Hän on äitimme, ja sinä tapoit hänet!"

"Millainen onkaan käsi, joka kykenee tappamaan lehmän?" kylän johtaja ihmetteli. "Sinun on kärsittävä tekosi seuraukset. Me lähdemme nyt, mutta palaamme kyllä."

"He ajavat minut kylästä. Mitä teen?" bramiini mietti. Sitten hän sai oivan ajatuksen. "Indra on käden jumaluus", hän ajatteli. "Niinpä Indraa tulisi syyttää lehmän tappamisesta, ei minua. Näin on ja kerron tämän kyläläisille!"

Kun kyläläiset kuulivat tästä, he eivät olleet lainkaan varmoja, miten heidän tulisi suhtautua bramiinin esittämään näkemykseen. Oli todellakin totta, että Indra on kättä hallitseva jumaluus.

Herätkää!

Tarkoittaako se, että bramiinia ei tulisi syyttää lehmän tappamisesta? Kysymyksestä kiisteltiin nyt kaikkialla.
Lopulta itse Indra sai kuulla bramiinin esittämästä näkemyksestä. Häntä huolestutti bramiinin esittämä perustelu, ja niinpä hän päätti vierailla tämän luona. Indra saapui vanhan miehen hahmossa brahmiinin puutarhaan.
"Hyvä herra, en tunne tätä kaupunkia", Indra sanoi brahmiinille. "Kuljin tätä tietä ja näin tämän kauniin puutarhan. Oletko itse saanut tämän aikaiseksi?"
Bramiini oli imarreltu.
"Kyllä, tein tämän kaiken omilla käsilläni. Olen hoivannut tätä puutarhaa niin kuin se olisi oma lapseni."
"Näen sen!" vastasi Indra. "Entäpä tämä kaunis kulkutie? Teitkö sinä senkin?"
"Kyllä vain!" vastasi bramiini ylpeänä. "Tein ja suunnittelin kaiken itse."
"Entä tämä kaunis puu?" jatkoi Indra. "Istutitko sinä senkin?"
"Toki!" bramiini sanoi innostuneena. "Kaikki nämä ovat minun kätteni aikaansaannosta aina kyntämisestä hedelmiin asti!"
"Vau! Entäpä suihkulähde?" Indra uteli.
"Kaiken mitä näet täällä, olen minä itse muokannut omin käsin", bramiini kerskui.
Tällöin Indra paljasti bramiinille, kuka hän oli sanoen:
"Oi brahmiini, jos otat itsellesi kunnian puutarhasi luomisesta omin käsin, eikö sinun silloin tulisi ottaa vastuu myös lehmän tappamisesta? Miksi syytät minua siitä, senkin vintiö?"
Yhdestä näkökulmasta katsottuna kaikki on Jumalan tahtoa. Toisesta näkökulmasta tarkasteltuna meillä on velvollisuuksia. Yhtiö saattaa toimia toimitusjohtajan tai omistajan antamien periaatteiden mukaisesti, mutta yksittäisillä työntekijöillä on silti oma vastuunsa. Toimitusjohtaja ei voi olla vastuussa työntekijöiden rikkeistä tai virheistä, sillä hän on asettanut heille säännöt.

Jumala luo maailmankaikkeuden ja lainalaisuudet, jotka säätelevät sitä, mikä on *dharmaa*, oikeudenmukaista ja mikä *adharmaa*, epäoikeudenmukaista. Me korjaamme hedelmät näiden lainalaisuuksien mukaisesti. Hän on *karma phala data*, Hän, joka lahjoittaa meille omien tekojemme hedelmät. Siinä mielessä kaikki tapahtuu Jumalan tahdon mukaisesti, mutta se ei tarkoita, että meidät olisi vapautettu vastuusta.

"Jos koemme olevamme tekojemme tekijöitä, joudumme korjaamaan myös tekojemme hedelmät. Mutta kysyessämme: "Kuka olen minä? Olenko minä tämän teon tekijä?", oivallamme Itsen, jolloin tunne siitä, että minä olen tämän teon tekijä, katoaa ja me vapaudumme kolmenlaisesta *karmasta*. Tätä on ikuinen vapautus."

Ramana Maharshi, *Neljäkymmentä ajatelmaa totuudesta,* säe 38

Kun saavutamme henkisten harjoitusten avulla puhtautta, meille tulee yhä selvemmäksi se mitä oikeanlainen toiminta on. Voimme edelleenkin tehdä virheitä, sillä emme ole täydellisiä, mutta pystymme yhä selvemmin kokemaan sen, mitä on *dharma* ajatusten, tekojen ja puheiden tasolla. Yleisesti ottaen emme voi luottaa pelkkiin tunteisiimme, vaan meidän tulee seurata pyhien kirjoitusten, henkisen perinteen tai viisaiden osoittamaa tietä. Tämä on yleisesti tunnustettu tapa oppia *dharmaa*, hyvyyttä. Lopulta, kun olemme toimineet tällä tavoin pitkään, puhtaus meissä voimistuu. Teoistamme tulee nyt vaistomaisesti *dharmisempia*, puhtaampia.

Kulutuskulttuurin mielettömyydestä

Kuluttaminen on nykyisin tärkeämpää kuin koskaan aiemmin jopa niin sanotuilla syrjäseuduilla. Ihmiset ovat hullaantuneet omistamiseen ja haluavat paljon enemmän kuin tarvitsevat päivittäisessä elämässään. Eikä se jää yksin tähän. Kaikista tavaroista tulee kaiken aikaa uusia versioita, uusia päivityksiä.

Kuulin erään ihmisen ostavan jokaisen uuden kannettavan tietokoneen, joka ilmestyy markkinoille. Ihmettelen, mitä hän tekee kaikille vanhoille tietokoneilleen. Näyttää siltä, että ihmiskunta on hypnotisoitu menemään erilaisiin keskuksiin, joissa luvataan täyttymystä, saadakseen kokea tyydytystä. Eivät he tietenkään saa milloinkaan kokea täyttymystä tällä tavoin. Miten omistaminen voisi lahjoittaa täyttymystä kenellekään? Jos tavoittelemme jatkuvasti lisää tavaroita ajattelematta, mikä on todella tarpeellista ja mikä tarpeetonta, joudumme lopulta pettymään raskaasti.

Amma varoittaa meitä, että halu hankkia aina vain uudempia ja uudempia tavaroita johtaa pettymykseen, ja että meidän ei tulisi kannustaa tällaista taipumusta sen enempää itsessämme kuin toisissammekaan. Eri työaloilla ja viihdeteollisuudessa tuotetaan aina vain uudempaa ja uudempaa. Kaikenlainen uusi elämän eri osa-alueilla ihastuttaa meitä, mutta mihin tämä kaikki johtaa? Toivottavasti Jumalaan, joka on ikuisesti uusi. Mutta näin ei yleensä tapahdu niinkään täyttymyksen tunteen kautta, mutta ennemminkin pettymyksen ja harhapolkujen kautta. Vasta sitten alamme etsiä Itsen onnellisuutta sisältämme.

Nektarin piilottaminen

Kun jumalat olivat kirnunneet kosmista valtamerta ja saaneet haltuunsa kuolemattomuuden nektarin, he päättivät piilottaa sen, jotta ihmiset eivät löytäisi sitä. He miettivät pitkään, mihin he voisivat piilottaa sen, jotta ihminen ei löytäisi sitä ikinä. Joku ehdotti Indralle, jumalten kuninkaalle, että heidän tulisi piilottaa se Himalajan korkeimmille huipuille. Indra vastasi kieltävästi, sillä ihmiset kiipeäisivät sinne jonakin päivänä.

Eräs toinen sanoi:

"Piilotetaan se valtameren syvimpään paikkaan, sillä kukaan ihminen ei kykene hakemaan sitä sieltä."

Indra vastasi hänelle:

"Ei, sillä jonakin päivänä ihmiset kykenevät liikkumaan merten syvyyksissä kulkuneuvon sisällä."
Eräs jumala ehdotti, että he piilottaisivat sen Kuuhun.
"Kukaan ihminen ei milloinkaan tule pääsemään sinne."
Mutta Indra oli toista mieltä. Hän näki tulevaisuuteen ja sanoi: "Ihmiset matkaavat jonakin päivänä Kuuhun ja löytävät sen varmasti sieltä."
Kykenemättä pääsemään ratkaisuun he menivät lopulta luojajumala Brahman luo. Tervehdittyään häntä he esittelivät hänelle ongelmansa ja kysyivät neuvoa. Brahma ajatteli asiaa hetkisen ja sanoi sitten:
"Olen miettinyt paikkaa, mihin ihmiset eivät koskaan kiinnitä huomiotaan. Nektari tulisi sijoittaa ihmisen sydämeen, sillä sieltä hän ei etsi sitä milloinkaan."
Kuinka oikeassa Brahma olikaan! Vaikka tämä nektari onkin ihmistä niin lähellä, se on samalla kaukana, sillä kukaan ei vaivaudu etsimään nektaria sisältään.
Tällä ei tarkoiteta sitä, että maallisella elämällä ei olisi minkäänlaista arvoa, mutta me kulutamme elämämme ainoastaan maallisten päämäärien tavoitteluun, ja niinpä meillä ei ole rauhaa ja täyttymyksen tunnetta. Miksi ihmiset ajattelevat yhä edelleen, että maallinen elämä voisi suoda heille tyydytyksen? Onko kukaan koskaan saavuttanut tällä tavoin onnea? Kun etsimme onnea maailmasta nauttien aistielämästä monen elämän ajan, lopulta sielumme kyllästyy tähän ja aloittaa henkisen matkansa herätäkseen elämän ja kuoleman pitkästä unesta. Näin käy väistämättä.

"Luopumisessa on todellinen omaisuutemme. Ymmärtäkää mitä luopumisella tarkoitetaan, sillä vain se suo meille täydellisen levon."

Amma

Herätkää!

On kovin harvinaista kohdata ihminen, joka on todella oivaltanut tämän tosiasian ja joka yrittää kaiken aikaa kokea Itseen sisältyvän totuuden. Amma sanoo, että sellainen ihminen on tehnyt paljon hyviä tekoja, *punyaa,* edellisissä elämissään, ja siksi hän kokee nykyisessä elämässään voimakasta vetovoimaa Jumalaa kohtaan. Sellaisen ihmisen mielestä mikään muu ei ole merkityksellistä tai kiinnostavaa. He ovat heräämässä Luojan luoman *mayan*, harhavoiman, synnyttämästä syvästä, syvästä unesta. Heillä on sisäinen polte vapautua *samsaran* valtamerestä.

Monissa pyhissä kirjoissa on ylistetty oivaltaneiden tietäjien suuruutta. Ne muistuttavat meitä siitä tavattoman harvinaisesta mahdollisuudesta, joka meille on annettu saadessamme olla Amman seurassa. Kun luemme heidän lauseitaan uudelleen ja uudelleen, saamme muistutuksen siitä todellisuudesta, mikä on Amman ulkoisen olemuksen taustalla.

"Pyhimysten seurassa takertumisen tunteemme katoaa, ja sen myötä haihtuu myös harhan ote. Vapautuessamme harhasta saavutamme vakauden, ja siten vapautus koittaa meille tämän elämän aikana. Sen tähden etsi pyhimysten seuraa."

Sankaracharya, *Bhajagovindam*

"Korkeinta tilaa ei voida saavuttaa kuuntelemalla saarnaajia, tutkimalla kirjoja tai tekemällä hyviä tekoja. Se voidaan saavuttaa vain olemalla pyhimysten seurassa ja tutkimalla Itseä."

Yoga Vasishta

"Kun olemme oppineet rakastamaan pyhimysten seuraa, mihin tarvitsemme kaikkia ohjesääntöjä? Kun miellyttävän viileä etelätuuli alkaa puhaltaa, mihin tarvitsemme enää viuhkaa?"

Yoga Vasishta

"Pyhät joet, joissa vesi virtaa, ja jumalten patsaat, jotka koostuvat kivestä ja savesta, eivät ole yhtä voimakkaita kuin pyhimykset. Vaikka ne puhdistavatkin meitä mittaamattoman pitkän ajanjakson kuluessa, pyhimyksen katse puhdistaa meidät välittömästi."

Yoga Vasishta

Amma on laskeutunut tähän maailmaan tässä aikakaudessa, koska nyt on olemassa suuri tarve hänen kaltaiselleen itsensä uhraavalle ja ehtoja asettamattomalle rakastavalle olennolle.

Tunnettu näyttelijä Charlie Chaplin, joka oli myös suuri ihmisen ystävä, sanoi:

"Pystymme tekemään asioita nykyisin nopeammin, mutta tällä tavoin meistä on tullut vankeja. Koneisto, joka lahjoittaa meille yltäkylläisyyttä, jättää meidät vajaiksi. Lentokone ja radio ovat tuoneet meidät lähemmäksi toisiamme. Näiden keksintöjen perusluonnekin edellyttää, että hyvyys, universaali veljeys, ykseys lisääntyisivät meissä kaikissa. Mutta tietomme lisääntyminen on tehnyt meistä kyynisiä, nokkeluutemme on tehnyt meistä kovia ja epäystävällisiä. Ajattelemme liian paljon ja tunnemme liian vähän. Tarvitsemme ihmisyyttä enemmän kuin koneistoa, tarvitsemme ystävällisyyttä ja lempeyttä enemmän kuin nokkeluutta. Ilman näitä ominaisuuksia elämästä tulee väkivaltaista, ja me menetämme kaiken."

18. luku

Antautuminen ja takertumattomuus

Moni on kuullut tarinan naisesta, joka meni Buddhan luo ja pyysi tätä herättämään kuolleen lapsensa henkiin. Buddha sanoi naiselle, että jos hän voisi tuoda sinapinsiemenen jostakin talosta, missä ei ole koskaan surtu perheenjäsenen kuolemaa, hän voisi tehdä tuon ihmeen.

Nainen kiersi kylää, mutta ei saanut mistään sinapinsiementä. Silloin hän oivalsi tärkeän totuuden elämän luonteesta – kaikki on ohimenevää ja päättyy eroon ja kuolemaan. Vain sielu on olemassa kuoleman jälkeen. Mutta vaikka kuulemmekin tällaisia totuuksia, *mayan* vaikutuksesta unohdamme tämän aina uudelleen pian sen jälkeen kun olemme kuulleet siitä.

Mahabharata kertoo tapahtumasta, jossa *yaksha*, luonnonhenki esitti kysymyksiä kuningas Yudhisthiralle nähdäkseen kuinka viisas tämä oli.

Yaksha kysyi:

"Mikä on kaikkein ihmeellisin asia?"

Viisas kuningas vastasi:

"Joka päivä kuolee lukemattomia ihmisiä ja silti elossa olevat toivovat elävänsä ikuisesti. Oi herra, mikä voisi olla ihmeellisempää?"

Kuinka outo voima *maya* onkaan. Se pitää meitä unohduksen tilassa elämä toisensa jälkeen. Sen vaikutuksesta vajoamme yhä syvemmälle maailmankaikkeuden harhan valtamereen ja olemme kykenemättömiä ymmärtämään jopa pienimpiä henkisiä

totuuksia. Ja mikä vielä pahempaa, emme tunne vähäisintäkään halua herätä tästä syvän unen pitkästä yöstä jumalallisen tietoisuuden päivänvaloon.

Amma osoittaa meille tien, kuinka vapautamme itsemme kiintymysten verkosta tähän toisenlaiseen tilaan. Kerran hän sanoi minulle, että useimmat ihmiset eivät pysty oivaltamaan sitä yksinkertaista totuutta, että jokainen rakastaa eniten itseään, että olemme pohjimmiltamme itsekkäitä. Rakkauden huumassa tulemme huijatuiksi, ja uskomme, että olemme rakkaita toisille, ja että he ovat rakkaita meille. Vasta kun koemme toisten itsekkyyden, heräämme tästä harhasta. Amma ei kehota meitä luopumaan rakastamisesta vaan pikemminkin rakastamaan ilman kiintymystä, odotuksia ja riippuvuutta, aivan niin kuin hän itsekin tekee.

Amma: "Rakkauteen liittyvä kiintymyksemme vetää meidät aina alas."

Oppilas: "Mitä Amma tarkoittaa? Tarkoittaako hän, että rakkauteni vaimoani ja lapsiani kohtaan ei ole aitoa rakkautta? Kiintymys on osa rakkautta, eikö vain?"

Amma: "Poikani, vain hän, joka on täysin kiintymätön, voi rakastaa toisia odottamatta heiltä mitään. Kiintymys ei ole todellisuudessa osa rakkautta. Todellisessa rakkaudessa eivät vain ruumiit vaan myös sielut yhtyvät myötäelämisen tunteessa. Tähän liittyy tieto ruumiin muuttuvaisesta ja katoavaisesta luonteesta sekä oivallus Itsen ikuisuudesta. Kiintymys sitoo ja tuhoaa sekä hänet, joka on kiintynyt, että hänet, johon on kiinnytty. Kiintymyksestä johtuen erottelukyky ei toimi eikä itsekuria ole."

"Mahabharatassa sokea kuningas Dhritarashtra oli liian kiintynyt vanhimpaan poikaansa Duryodhanaan. Siksi hän ei voinut pitää pojalleen kuria eikä saada tätä ajattelemaan ja toimimaan oikein. Tämä johti kuninkaan, pojan ja valtakunnan täydelliseen tuhoon. Tämän vastakohtana Sri Krishna taas oli täydellisen kiintymätön, ja niinpä hän kykeni rakastamaan Pandava-prinssejä ja kouluttamaan heitä. Kertomus Dhritarashtrasta ja Duryodhanasta osoittaa, kuinka yhden ihmisen itsekkyys ja kiintymys voivat johtaa kokonaisen yhteiskunnan tuhoon."

Amma kertoo tarinaa miehen ja vaimon välisen rakkauden rajallisuudesta. Vaimo saattoi miehensä lääkärin vastaanotolle. Tarkistuksen jälkeen lääkäri kutsui vaimon vastaanottohuoneeseen yksin ja sanoi:

"Miehenne kärsii vakavasta sairaudesta, johon liittyy kova stressi. Jos ette toimi seuraavalla tavalla, miehenne kuolee pian. Valmistakaa hänelle joka aamu terveellinen aamiainen. Olkaa miellyttävä ja varmistakaa, että hän on hyvällä mielellä. Valmistakaa hänelle lounaaksi myös ravitseva ateria. Tehkää hänelle päivälliseksi erityisen maukas ateria. Älkää rasittako häntä kotitöillä, koska hänellä on luultavasti ollut raskas päivä. Älkää keskustelko ongelmistanne hänen kanssaan, koska se vain pahentaa hänen ylirasitustaan. Ja mikä tärkeintä, teidän tulee täyttää kaikki hänen toiveensa ja antaa hänen purkaa taakkansa teille – hänellä ei tulisi olla lainkaan stressiä. Olkaa hänelle erityisen hellä ja rakastava. Jos pystytte tähän seuraavan kymmenen kuukauden ajan, uskon, että miehenne terveys palaa ennalleen."

Matkalla kotiin mies kysyi vaimoltaan:
"Mitä lääkäri sanoi?"
"Että sinä kuolet pian!"

On itsestäänselvyys, että lähes jokainen tulee Amman luokse itsekkäiden halujensa vuoksi. Vaikka Amma tietääkin tämän, hän osoittaa yhtä lailla rakkautta kaikille odottamatta heiltä yhtään mitään. Jumalallisessa tietoisuudessa elävän tunnistaa siitä, että hän näkee tällä tavoin kaiken yhtenä.

"Hän kohtelee hyväntahtoisia, ystäviä, sukulaisia, vihollisia, välinpitämättömiä, sovittelijoita, vihaisia, hyveellisiä ja paheellisia samalla tavalla."

Bhagavad-Gita VI:9

Kun hedelmä irrotetaan väkisin puusta ennen kuin se on kypsynyt, se kyynelehtii – sen kannasta valuu valkoista maitoa. Mutta kun omena putoaa kypsyttyään luonnollisesti, kyynelehtimistä ei ilmene – omena irtoaa itsestään. Johtuen mielestämme ja elämämme ominaislaadusta me kehitämme itsellemme tässä katoavassa maailmassa monenlaisia kiintymyksiä, minkä seurauksena kyynelehdimme eron hetkellä. Näin alitajuntaamme jää haavoja.

Jos haava on syvä, siihen on levitettävä antiseptistä ainetta perusteellisen puhdistuksen jälkeen. Pelkkä haavan pintapuolinen puhdistus ja side eivät riitä. Haava voi tulehtua yhä uudelleen. Niinpä takertumattomuuden harjoittaminen tilanteessa, missä tunnemme vihaa ja tuskaa, ei yksin riitä. Kun viha asettuu, voimme kiintyä jälleen, vaikka sisällämme onkin haava.

Joka tapauksessa me todennäköisesti kiinnymme jälleen johonkin ihmiseen tai asiaan. Emme kykene olemaan onnellisia kiintymättä. Kyse voi olla ihmisestä, lemmikkieläimestä, omaisuudesta tai asemasta. Se, että kohteet muuttuvat ja tunteemme ovat itsekkäitä, aiheuttaa meille vain kärsimystä. Sen sijaan meidän tulee kiinnittyä siihen, joka ei muutu tai loukkaa meitä, joka ei halua meiltä mitään ja joka tahtoo meille vain parasta. Vain Jumala täyttää nämä tuntomerkit. Tässä katoavaisessa maailmassa, missä jokainen etsii omaa onneaan rakkaudessa ja on itsekäs, todellisen rakkauden kaipuu voi täyttyä vain mystisessä yhteydessä Jumalan kanssa, joka on kaiken sisäinen Itse. Tämä on helpommin sanottu kuin tehty. Jumala on näkymätön. Emme edes tiedä, onko sellaista olentoa todella olemassa. Jos sellainen olento on, kuuleeko Hän meitä? Eikö tämä ole uskon asia? Ja miten kehittää uskoa näkymättömään, käsittämättömään olentoon?

Erilaiset ihmiset käsittävät Jumalan eri tavoin. Amma sanoo, että olipa käsityksesi millainen tahansa, niin:

"Jumalallinen voima on sinussa. Tämä perimmäinen totuus voidaan oivaltaa vain uskon ja meditaation avulla. Aivan kuten luotat siihen, mitä tiedemiehet sanovat, kun on kyse meille tuntemattomista asioista, sinun tulee uskoa totuudesta puhuvien suurten mestareiden sanoihin, sillä he ovat vakiintuneet Totuuteen. Pyhät kirjoitukset ja suuret mestarit muistuttavat meitä, että Itse tai Jumala, on todellinen olemuksemme. Jumala ei ole kaukana meistä, mutta meillä on oltava uskoa voidaksemme omaksua tämän totuuden. Jumala ei ole rajallinen henkilö, joka istuu pilvien päällä kultaisella valtaistuimella. Jumala on kaiken läpäisevä puhdas tietoisuus. Ymmärtäkää tämä totuus ja oppikaa hyväksymään ja rakastamaan kaikkia samalla tavoin."

Pyhittäessämme ajatustemme virran nostamme sen maalliselta tasolta ja vakiinnutamme ajatuksemme Jumalaan ja guruun. Näin maalliset ongelmamme ja kärsimyksemme alkavat näyttää tyhjänpäiväisiltä. Mielestämme tulee laaja kuin taivas, ja alamme vähitellen tuntea jumalallisen läsnäolon itsessämme. Siitä, mikä oli aluksi vain uskoa, tulee lopulta kokemus. Egon syvät haavat katoavat. Opimme hyväksymään tuskalliset olosuhteet gurun siunauksena ja lahjana. Äärettömässä viisaudessaan hän tietää, mikä on meille parasta. Näin maalliset kiintymyksemme sulavat kaiken kattavaan kiintymykseemme Jumalaa kohtaan.

Oppilas: "Jotkut oppilaat sanovat kärsivänsä antaumuksestaan huolimatta."

Amma: "Me pyydämme Jumalaa täyttämään monet halumme. Mielemme on täynnä haluja, ei Jumalan hahmoa. Tämä tarkoittaa, että pidämme jumalaa palvelijanamme. Näin ei tulisi olla. Vaikka Jumala onkin oppilaittensa palvelija, ei ole oikein ajatella Häntä palvelijana. Laskekaa kaikki Hänen jalkojensa juureen. Meidän tulee omaksua luovuttamisen asenne, ja Hän suojelee meitä varmasti. Noustuamme veneeseen tai linja-autoon emme enää kanna matkatavaroitamme. Laskemme ne alas. Samalla tavoin, meidän tulee luovuttaa kaikki Jumalalle. Hän suojelee meitä. Kasvattakaa itsessänne ajatusta siitä, että Jumala on lähellänne. Jos tiedämme olevamme lähellä lepopaikkaa, pelkkä ajatus siitä, että pian saamme laskea kantamuksemme päämme päältä, pienentää taakkaamme. Jos taas ajattelemme, että missään ei ole paikkaa, jossa voisimme levähtää, taakka tuntuu raskaammalta. Kun ajattelemme, että Jumala on lähellämme, taakkamme pienenee."

Voi olla vaikeaa muistaa, että Jumala on ilmiömaailman takana oleva todellisuus. Hän ei ole ainoastaan muuttumaton ykseys vaan myös ikuisesti toimiva voima, joka mahdollistaa kaiken tapahtumisen. Luomakunta on hänen *liilaansa*, näytelmäänsä. Toisinaan unohdamme tämän ja ylpistymme ajatellessamme, että me olemme tekijöitä.

Mahabharatan sodan loppuessa Krishna ja Arjuna olivat yhä taisteluvaunuissa. Perinteen mukaan vaununajajan oletettiin astuvan alas vaunusta ja pitelevän kunnioituksen eleenä soturin kättä, kun tämä astui alas. Vaikka Krishna oli itse Jumala, Hän oli hyväksynyt vaununajajan roolin, ja niinpä Hänen olisi pitänyt tulla alas vaunuista ensimmäisenä. Arjuna odotti, että Krishna astuisi ensin alas. Nähdessään tämän kuitenkin pysyvän paikoillaan, hän laskeutui lopulta itse ensin ja oli hieman loukkaantunut Krishnan teosta.

Vastauksena Arjunan tietämättömyyteen Krishna astui vaunuista, jolloin Hanuman, joka oli ollut kuvattuna heidän lippuunsa, lensi pois, ja vaunut alkoivat liekehtiä. Arjuna oli järkyttynyt. Sri Bhagavan selitti, että Hanuman oli suojellut sotatoimien aikana vaunua vastapuolen sinkoamilta voimakkailta ammuksilta. Hän ei poistunut, ennen kuin Krishna astui alas. Jos Krishna olisi poistunut vaunuista ennen Arjunaa, Arjuna olisi palanut vaunun liekehtiessä ja Hanumanin lentäessä pois. Krishnan ansiosta vaunut eivät syttyneet vielä tuleen. Arjunan tuntema ylpeys siitä, että he olivat voittaneet sodan, ja hänen ajatuksensa siitä, että häntä tulisi kunnioittaa suurena sotasankarina, sokaisi hänet siltä, että mikään tästä ei olisi ollut mahdollista ilman Krishnan jumalallista läsnäoloa

Arjunan ollessa luopumassa taistelusta ennen sodan alkamista Krishna sanoi hänelle *Bhagavad-Gitassa*:

"Minä olen maailmat tuhoava aika, joka tuhoaa kaikki ihmiset. Teitä lukuun ottamatta kaikki sotilaat kummallakin puolella tulevat kaatumaan."

Bhagavad-Gita XI:32

Mitä Jumala on?

Jumalaa ei ehkä ole mahdollista ymmärtää tai tuntea, mutta pyhien kirjoitusten ja Amman opetusten mukaan voimme tulla yhdeksi Jumalan kanssa Hänen armostaan.

Aleksanteri Suuri kysyi kerran Diogeneeltä:

"Olet syvästi oppinut ja tiedät paljon. Voitko kertoa minulle Jumalasta? Mitä Jumala on?"
Diogenes vaikeni ja sanoi hetken kuluttua:
"Anna minulle päivä aikaa."
Aleksanteri palasi seuraavana päivänä, jolloin Diogenes sanoi:
"Anna minulle vielä kaksi päivää."
Sitten hän sanoi:
"Anna minulle vielä kolme päivää aikaa", ja niin edelleen, kunnes oli kulunut kokonainen viikko.
Aleksanteri oli närkästynyt ja sanoi:
"Mitä tarkoitat tällä? Jos et tiedä vastausta, sinun olisi pitänyt sanoa se minulle jo aiemmin. Jos taas tiedät vastauksen, olet selityksen velkaa tästä odotuksesta!"
Diogenes vastasi:
"Kun esitit kysymyksesi, ajattelin tietäväni. Mutta mitä enemmän yritin saada aihetta haltuuni, sitä hämärämmäksi se tuli. Mitä enemmän ajattelin sitä, sitä kauempana se tuntui olevan. Juuri nyt en tiedä mitään ja voin vain sanoa sinulle, että ne, jotka ajattelevat tuntevansa Jumalan, eivät tunne Häntä."

Kuuntelin kerran, kun eräs henkisyyden harjoittaja kinasteli *mahatman*, valaistuneen, kanssa. Hän sanoi, että ykseyden tilassa, missä koemme *samadhin*, Jumala katoaa. *Mahatma* vastasi:
"Asia ei ole niin. Ei Hän katoa vaan *sinä* katoat, ja yksin Hän jää jäljelle!"

Toisinaan meidän uskoamme koetellaan. Eräällä Amman kiertueella Yhdysvalloissa kiertueryhmän oli määrä tavata lentokentällä ja lentää seuraavaan kaupunkiin. Sattui niin, että Swami Purnamritananda, minut ja kaksi muuta opetuslasta vietiin väärään terminaaliin. Emme ymmärtäneet, mitä oli tapahtumassa, ennen kuin pääsimme portille, eikä siellä ollutkaan lentokonetta. Meillä ei ollut rahaa eikä edes lentolippuja. Lennon oli määrä lähteä kymmenen minuutin päästä. Yritimme saada taksin toiseen terminaaliin, mutta yksikään taksinkuljettaja ei suostunut kuljettamaan niin lyhyttä matkaa. Me kaikki ajattelimme, että 'Jos haluat, Amma, meidän matkustavan kanssasi, sinun on toimittava nopeasti.' Siellä me istuimme ajotien vierellä ja toivoimme ihmettä. Juuri silloin auto ajoi luoksemme. Ratissa oli sama oppilas, joka oli jättänyt meidät väärään terminaaliin ja oli nyt palaamassa oikeasta terminaalista. Hän ajoi meidät kiireesti oikeaan terminaaliin, jolloin juoksimme koneelle, ja juuri kun pääsimme sisään, ovi sulkeutui takanamme! Me kaikki päästimme syvän huokauksen – Ammaaaaaaa!

Vastuullisuus

"Amma raivaa sinulle polun vapautukseen. Hän pitää sinua kädestä kiinni ja ohjaa sinut päämäärään. Ole totuudellinen ja suorita velvollisuutesi niin saavutat mielenrauhan."

Amma

Kun joku lupaa jotakin, meissä herää yleensä epäilys. Poliitikot antavat vaalilupauksia päästäkseen valtaan. Rakastaja lupaa rakastetulleen jotakin varmistaakseen oman mielihyvänsä. Vanhemmat lupaavat lapsilleen asioita saadakseen lapset tekemään jotakin, ja lapset lupaavat vanhemmilleen asioita päästäkseen tekemästä jotakin.

Kaikilla heillä on omat tavoitteensa mielessään, omat itsekkäät syynsä lupausten antamiselle, eikä niiden toteuttaminen aina edes ole heidän vallassaan. Amman antama lupaus ei ole tällainen. Hän sanoo raivaavansa meille tien vapautukseen ja vievänsä meidät kädestä pitäen päämäärään. On vaikea kuvitella sitä voimaa ja sitä sisäistä kokemusta, joka antaa hänelle varmuuden antaa tällainen lupaus. Jos paneudumme syvällisesti Amman sanoihin, oivallamme, että hän ei ehkä ole lainkaan sellainen kuin luulemme hänen olevan. Amma sanoo, että hän raivaa meille tien, pitää kädestämme kiinni ja johdattaa meidät päämäärään, joka on vapautuminen syntymän ja kuoleman kehästä. Miten hän kykenee tekemään sen? Se ei varmastikaan olisi mahdollista, ellei hän itse olisi tuossa tilassa.

Suurimalle osalle meistä Amma on henkilö, joka asuu Amritapurissa Intiassa ja matkustaa ympäri maailman vuosittain. Miten hän siis voisi täyttää lupauksensa? Ainakaan fyysisesti ottaen se ei ole mahdollista. Pystyykö hän tekemään sen jonkinlaisella kauko-ohjauksella? Jos niin on, miten hän voi osallistua kaikkien miljoonien oppilaidensa elämään samanaikaisesti? Entä jos kaksi oppilasta tarvitsee häntä yhtä aikaa? Miten hän voi kuulla kaikkia samaan aikaan ja tietää, mitä kukin milloinkin tarvitsee? Tämä kaikki on niin käsittämätöntä.

Joillakin kaukosäätimillä on mahdollista hallita useita laitteita yhtäaikaisesti. Tietysti jo sekin on monimutkaista ja vaikeata tehdä, ellemme sitten satu olemaan raketti-insinöörejä tai tietokoneohjelmoijia. Monikaan meistä ei ole kovin tekninen luonteeltaan. Kerran eräs tietokoneella työskentelevä oppilas soitti minulle ashramissa kiireellisen puhelun. Hän kertoi, että tulostin ei toiminut. He olivat mielestään tehneet kaiken oikein, ja silti tulostin oli hiljaa kuin kivi. Saapuessani paikalle näin, ettei tulostimen virta ollut edes päällä!

Jos tahdomme ymmärtää sitä, mitä Amma sanoo, meidän on luovuttava siitä käsityksestä, että hän on vain ruumiillinen olento, jolla on samanlainen rajallinen mieli kuin meillä. Jos hän kykenee huolehtimaan meistä kaikista, hänen on oltava läsnä tässä ja nyt meidän jokaisen seurassa, vaikkakin näkymättömänä aineellisille silmillemme. Hänen kokemuksensa omasta itsestään on oltava kovin erilainen kuin meidän kokemuksemme. Hän voi todellakin raivata tieltä kaikki esteet ja auttaa meitä eteenpäin omalla käsittämättömällä tavallaan.

Bhagavad-Gitassa sanotaan:

"Minä, ilmentymätön, läpäisen koko maailmankaikkeuden. Kaikki olennot ovat Minussa, mutta Minä en ole heissä."

"Ja kuitenkaan kaikki luotu ei ole Minussa. Katso Minun ihmeellistä voimaani! Minä en ole osa tätä kosmista näytelmää, sillä Minä yksin olen luomisen lähde."

"Ymmärrä, että niin kuin tuuli, joka puhaltaa kaikkialla, asustaa tilassa, niin kaikki olennot asustavat Minussa."

Bhagavad-Gita IX:4–6

Ja edelleen:

"Korkeimman antaumuksen kautta hän tulee tuntemaan Minut totuudessa, mitä Minä olen, ja kuinka suuri Minä olen, ja tunnettuaan Minut totuudessa hän sulautuu Minuun."

"Hän, joka tekee kaikki toimensa turvautuen Minuun, saavuttaa Minun armostani ikuisen ja katoamattoman asuinsijan."

"Omistamalla kaikki tekosi Minulle, pitämällä Minua korkeimpana päämääränäsi, harjoittamalla viisauden joogaa yhdistä sydämesi jatkuvasti Minuun."

"Sydän sulautuneena Minuun, Minun armoni avulla, sinä ylität kaikki esteet, mutta jos sinä et itsekkyytesi tähden välitä Minusta, sinä tuhoudut."

"Kuule jälleen Minun korkein näkemykseni, pyhin kaikesta. Koska rakastat Minua suuresti, kerron sinulle, mikä on sinulle hyödyllistä."

"Keskitä mielesi Minuun, ryhdy palvojakseni, luovuta kaikki asiat Minulle, kumarra Minua. Sinä olet Minulle rakas, ja niin Minä totisesti lupaan sinulle: sinä saavutat Minut."

Bhagavad-Gita XVIII:55–58, 64–65

Ja lopulta Hän sanoo:

"Hän, joka ajattelee Minua lopun hetkellä, saavuttaa Minun olemukseni. Tämä totuus on vailla epäilystä."

"Oi Kuntin poika, mitä hyvänsä ihminen ajatteleekin kuolemansa hetkellä, se määrittää sen, mihin hän menee."

"Sen tähden, oi Arjuna, mietiskele Minua alati ja taistele. Keskitä mielesi ja älysi Minuun ja saavutat Minut varmasti."

Bhagavad-Gita VIII:5–7

Tämä ei selvästikään tarkoita sitä, että meiltä loppuisivat kaikki kärsimykset turvauduttuamme Ammaan. Mutta samalla tavoin kuin vanhemmat pitävät lastaan kädestä kiinni tämän opetellessa kävelemään ja estävät tätä kaatumasta ja satuttamasta itseään, niin myös Amma tukee meitä kaikkialla läsnä olevalla kädellään, kun seuraamme hänen ohjeitaan. Tämän vuoksi meidän tulee tutkia hänen opetuksiaan, jotta tietäisimme, mitkä ovat hänen ohjeensa sekä yleisesti että meille erityisesti. Tämä on se pienellä painettu teksti sopimuksen lopussa.

19. luku

Totuudellisuus ja vastuullisuus

Minkä tähden pyhimykset korostavat niin paljon totuutta? Luonnossa ilmenevä suhteellinen totuus heijastaa Brahmanin absoluuttista, transsendenttista totuutta. Me saatamme valehdella suojellaksemme egoamme, saadaksemme jotakin. Ego on perimmäisen totuuden täydellinen vastakohta. Se peittoaa totuuden näkyvistämme ja saa meidät tuntemaan, että olemme erillisiä olentoja. Tämä on kuitenkin valhetta. Kun olemme totuudellisia, egomme pienenee ja näin voimme edistyä henkisellä polullamme.

Emme voi poiketa tästä säännöstä ollessamme tekemisissä Amman kanssa. Meidän ei tule sanoa hänelle edes valkoista valhetta. Valehteleminen on ihmisille melko luontaista. Syyllistymme siihen kaiken aikaa yrittäessämme tehdä hyvän vaikutuksen ja halutessamme osoittaa olevamme oikeassa. Tämä on egon toimintaa. Emme epäröi valehdella edes Amman hahmossa ilmenevälle Totuudelle itselleen. Emme kuitenkaan voi huijata häntä. Emme voi edes liioitella, sillä hän tietää aina totuuden jokaisesta ihmisestä ja tilanteesta. Sen sijaan, että antaisimme itsestämme hyvän vaikutelman, annammekin itsestämme huonon vaikutelman liioitellessamme ja valehdellessamme. Se paljastaa, että emme luota häneen. Se tuhoaa viattomuutemme ja antaumuksemme. Se osoittaa, että antaudumme pikemminkin egollemme kuin Jumalalle ja että viattomuuden sijaan olemmekin kieroja. Meidän on oltava tavattoman valppaita sen suhteen, että emme toimi Amman kanssa niin kuin toimimme muualla.

Asianajajassa saattaa herätä epäilys, kuinka hän voi jatkaa ammatissaan kuultuaan tämän. Eräs asianajaja kysyikin Ammalta:

Asianajaja: "Miten meidän käy, Amma? Ajamme juttuja oikeudessa, jolloin olemme osallisina riidoissa, valheissa ja sen sellaisessa."

Amma: "Kaikki hyvin, poikani, asianajajan *dharma*, velvollisuus, on ajaa asiakkaansa asiaa oikeudessa. Se ei ole väärin. Asianajaja täyttää vain velvollisuutensa puolustaessaan rikollista. Ota kuitenkin vastaan vain totuuteen perustuvia juttuja niin pitkälle kuin mahdollista. Synti ei siirry asianajajalle, jos rikollinen pelastuu asianajajan perustelujen ansiosta. Rikollinen välttyy vain oikeuslaitoksen tuomiolta, mutta hän ei voi välttää Jumalan tuomiota. Jokaisen on kannettava omien tekojensa hedelmät."

"Kuten kaikki muutkin, myös asianajaja voi astua henkiselle polulle ja jättää maallisen elämän taakseen, kun todellinen *vairagya*, takertumattomuus, herää hänessä. Siihen saakka hänen tulisi toteuttaa *svadharmaa*, omaa tehtäväänsä omistaen kaiken Jumalalle."

"Entisinä aikoina yksin totuudellisuus vallitsi kaikkialla. Kaikki perheet elivät totuudenmukaista elämää. Ei edes palvelija luopunut totuudesta, vaikka hänelle olisi tarjottu miljoonia. Jos pidät kiinni totuudesta, saat kaiken muun. Ilman totuutta ei mitään hyvää voi olla olemassa. Totuus on kaikki. Totuus on Jumala."

Toinen luonteenpiirre, jota Amma kehottaa meitä kehittämään itsessämme, on vastuuntunto. Tässä hän puhuu omasta kokemuksestaan, sillä hän on aina kantanut vastuunsa. Vaikka hän elääkin kehotietoisuuden yläpuolella, kiinnittymättä mihinkään, hän tekee kuitenkin sen, minkä hän kokee velvollisuudekseen.

Aikana, jolloin ashramia ei vielä ollut olemassa, hän huolehti perheestään ja muista sukulaisistaan, vaikka se tarkoitti kovia koettelemuksia hänelle itselleen. Kun hänen isänsä oli sairaalahoidossa, ja Amma oli jo ryhtynyt antamaan *Krishna-bhavaa*,[4] hän teki silti kaikkien muiden taloustöiden lisäksi isälleen ruokaa ja vei hänet sairaalaan 35 kilometrin päähän. Päästäkseen bussilla kaupunkiin hän joutui kohtaamaan kyläläisiä, jotka toisinaan heittelivät häntä kivillä ja huutelivat pilkallisesti:

"Hei Krishna, hei Krishna!"

Tämä ei saanut häntä milloinkaan luopumaan velvollisuuksistaan. Amman elämä on ollut jatkuvaa, myötätuntoista velvollisuuksien täyttämistä ihmiskuntaa kohtaan huolimatta kärsimyksistä, joita hän on joutunut kohtaamaan. Hän on aina ollut tietoinen maallisista ja henkisistä velvollisuuksistaan. Voimme nähdä karmajoogan opetusten ilmentyvän hänessä täydellisesti: Tee velvollisuutesi. Luovuta tekojesi hedelmät Jumalalle. Ole jopa valmis kuolemaan toimiessasi näin.

Amma kokee, että hänen elämänsä tarkoitus on lohduttaa kärsiviä *jivoja*, sieluja, ja ohjata heidät vapautuksen polulle syntymän ja kuoleman kiertokulusta. Hän ottaa tämän velvollisuuden niin vakavasti, että antaa ruumiinsa rasittua ja kärsiä käsittämättömällä tavalla. Nykyisin vielä suuremmassa määrin kuin aiemmin. Kuten kaikki tiedämme, ei ole lainkaan epätavallista, että hän istuu yhtäjaksoisesti kahdeksantoista tuntia ja pidempääkin lohduttaen hänen luokseen saapuvia.

Amma kehottaa meitä harjoittamaan säännöllistä *sadhanaa*, mutta hän kehottaa meitä pyhittämään myös arkielämämme. Jos emme tee niin, saattaa olla, että emme tavoita mielenrauhaa.

---

[4] *Krishna-bhava* on pyhä tila, jonka aikana Amma ilmaisee ykseyttään Krishnan kanssa.

Meidän tulee tuoda se rauha, jonka saamme kokea *sadhanan* aikana, arkielämäämme. Jokapäiväinen elämämme saa meidät kiinnittämään huomiomme kaikkeen muuhun, joten meidän tulee löytää tapoja ajatella Jumalaa kaikkina aikoina.

Nähdä lapsenlapsessaan Jumala

Vanhempi nainen tuli lapsenlapsensa kanssa *mahatman* luokse. Hän kysyi tältä suurelta sielulta, olisiko hänen sopivaa lähteä pois perheensä luota ja muuttaa Vrindavaniin, Krishnan lapsuuden maisemiin harjoittamaan henkisyyttä. Olisiko perhesiteiden rikkominen sopivaa?

Pyhimys vastasi:

"Kuuntele tarkkaavaisesti. Mikä on Se, joka katselee sinua lapsenlapsesi silmien kautta? Mikä voima ja energia säteilee hänen kaikista huokosistaan?"

"Sen täytyy olla Jumala", nainen vastasi.

"Jos menet Vrindavaniin, palvot siellä Jumalaa Sri Krishnan patsaan hahmossa. Eikö tämän pienen pojan keho ole aivan yhtä hyvä Krishnan kuvajainen kuin Vrindavanissa oleva kivinen patsas?" swami kysyi.

Nainen oli hetken hämillään, mutta sitten hän ajatteli, että swamin täytyi olla oikeassa. Miksi mennä Vrindavaniin, kun hän voisi aivan yhtä hyvin palvoa Jumalaa lapsenlapsessaan? Eikö Jumala katsonutkin hänen silmiensä lävitse, puhunut hänen suunsa kautta ja ylläpitänyt kaikkia hänen ruumiinsa toimintoja?

Kuulosti riittävän helpolta, mutta sitten seurasi asian ydin. Pyhimys näet sanoi:

"Sinun ei tule enää pitää häntä lapsenlapsenasi. Eikä sinun tule ajatella, että hän on sinulle sukua. Näe hänet Jumalana ja katkaise maalliset perhesiteet häneen. Ainoa side tämän pojan ja sinun välillä tulisi olla Jumalan side välillänne. Rakasta Jumalaa kaikesta sydämestäsi hänen hahmossaan. Tämä on todellista luopumista."

Totuudellisuus ja vastuullisuus

Amma ei pyydä meitä luopumaan maailmasta. Hän kehottaa meitä luopumaan maallisista riippuvuuksista ja siteistä. Ystävän, vaimon tai aviomiehen tulisi lakata olemasta meille maallisia suhteita. Meidän tulisi nähdä yksin Jumala kaikessa. Meidän tulee luopua jopa kielteisistä tunteistamme vihollisiamme ja ilkeitä ihmisiä kohtaan ja nähdä heissäkin jumalallisuus. Maallinen katsantokantamme muuttukoon ymmärrykseksi Jumalasta, joka läpäisee kaiken. Kaikki ihmissuhteet tulee kohottaa universaaleiksi jumalasuhteiksi. Amma on tämän totuuden ruumiillistuma ja suurenmoisin esimerkki, jota voimme seurata.

Amma sanoo:

"Saavutettuamme ihmisen hahmon meidän tulee kohottaa itsemme jumaluuteen. Meidän tulee luovuttaa yksilöllinen minuutemme Jumalalle ja tulla täydellisiksi. Lapset, kaikki on *mayalle* mahdollista. Älkää vajotko kurjuuteen, jota kutsutaan *mayaksi*. Älkää antautuko harhan ja kärsimyksen uhreiksi. Vapauttakaa mielenne sen otteesta."

Monien, monien elämien jälkeen, jotka olemme viettäneet ihmistä alemmissa elämän ilmentymissä, olemme vihdoin saaneet laskeutua ihmisen kehoon. Luoja on näin antanut meille tilaisuuden saavuttaa ykseyden Hänen kanssaan. Meidän todellinen päämäärämme, evoluution päämäärä, on yhdistyä Häneen, joka on luonut evoluution. Amma ja pyhät kirjoitukset sanovat, että emme voi milloinkaan olla todella onnellisia, ellemme koe ykseyttä Luojan kanssa. Olipa luomakunta kuinka valtava ja ihmeellinen tahansa, se ei voi milloinkaan täyttää pohjatonta kaipuutamme loppumattomaan, aina uudistuvaan autuuteen.

Oru nimishm engilum (Edes hetken ajan) on suosittu laulu, jota Amma laulaa usein. Siinä sanotaan:

Oi ihminen, tunnetko hetkenkään rauhaa etsiessäsi onnea maailmasta?

Ymmärtämättä totuutta tavoittelet mayan luomia harhoja. Joudut kohtaamaan saman kohtalon kuin yöperhonen, joka tuhoutuu säteileviin liekkeihin.

Kehityttyäsi hiljalleen useissa elämissä matona, matelijana, lintuna ja muiden eläimien hahmoissa, olet lopulta syntynyt ihmiseksi.

Mikä on ihmiselämän tarkoitus, ellei sitten itseoivallus? Luovu hekumasta, ylpeydestä ja ahneudesta.

Jätä harhojen täyttämä elämä ja käytä elämäsi ihmisenä laulaen Brahmanin, Korkeimman ylistystä. Jumalan oivaltaminen on synnyinoikeutesi, älä tuhlaa kallisarvoista elämääsi.

20. luku

Ihminen, luomakunnan kruunu

Intuitio vai vaistot

Intian pyhien kirjoitusten mukaan kaikkien elävien olentojen joukossa ihminen on ainoa, jonka ominaisuuksiin kuuluu erottelukyky. Tämä tekee ihmisestä muita olentoja korkeamman. Kun metsän eläimet kuulivat tämän totuuden, heillä oli omat epäilyksensä tämän väittämän todenmukaisuudesta. Viekas kettu oli harmissaan, että ihmistä ylistettiin näin ja että hänet oli kohotettu korkeampaan asemaan Jumalan luomakunnassa. Kettu ajatteli itsekseen: "Olenko minä vähemmän älykäs kuin ihminen? Tai onko ihminen yhtään vähemmän juonitteleva kuin minä, kun hän haluaa huijata muita? Hän on elävä olento siinä missä minäkin. Minä tyydyn vähempään kuin hän. Minulla ei ole tarvetta käyttää kalliita sesonkivaatteita ja vaihtaa niitä jatkuvasti. Kestän kuuman ja kylmän kärsivällisesti. En tarvitse suojakseni sateenvarjoa enkä aurinkolaseja. En tarvitse autoa enkä junaa viemään minut paikasta toiseen. Miksi ihminen olisi kehittyneempi olento, vaikka meillä eläimillä on nämä jalot ominaisuudet ja monia muitakin? Tulen pitämään huolen siitä, että tällainen epäoikeudenmukaisuus loppuu."

Kettu juoksenteli ympäriinsä yllyttämässä muita eläimiä liittymään mukaan. Hän onnistuikin keräämään joukkoonsa muutamia muitakin. Sitten he menivät kaikki norsun luokse. Viisas norsu sanoi:

"Veljet, ei ole epäilystäkään siitä, etteikö näkemyksessänne ole perää. Menkäämme erään toisen metsän asukkaan luo ja

kysykäämme hänen näkemystään asiasta. Tuossa mökissä asuu näet tietäjä. Menkäämme hänen luokseen ja esittäkäämme hänelle asiamme."

Kaikki myöntyivät norsun ehdotukseen.

"Swami, tunnet minut hyvin", koira haukahteli. "Olen kiitollisuuden symboli. Vaikka ihminen löisi minua tuhat kertaa, mutta antaa edes vähän ruokaa, olen hänelle kiitollinen läpi elämäni ja olen valmis antamaan henkeni palvellessani häntä. Mutta ihminen unohtaa kaikki ne tuhannet palvelukset, joita hänelle on tehty ja muistaa vain sen ainoan vääryyden, jonka joku on tehnyt hänelle. Hän unohtaa saamansa avun ja on valmis murhaamaan läheisensä, jos häntä kohdellaan kerrankin väärin, vaikkapa vahingossa. Millaisin perustein voidaan siis sanoa, että ihminen olisi muka eläimiä kehittyneempi?"

Ja tähän tapaan lehmä taas vetosi tietäjään:

"Ihminen vie minut niitylle laiduntamaan. Toisinaan hän antaa minulle heinää ja akanoita. Vastineeksi minä lahjoitan hänelle ravitsevan maitoni. Joskus hän jopa näännyttää pienokaiseni ruokkiakseen itseään ja omia lapsiaan. Kun näin ruokin häntä ja hänen perhettään, hän sijoittaa minut talonsa takapihalle pahanhajuiseen ja epäsiistiin suojaan. Heti, kun maitoni loppuu, minua kohdellaan huonosti ja jätetään vaille huolenpitoa. Kun tulen vanhaksi, minut ajetaan pois tai myydään teurastajalle. Sellainen on ihminen, joka on korotettu taivaalliselle korokkeelle. Kerro minulle, minkä ihmeen takia."

Seuraavaksi oli variksen vuoro puhua, ja se sanoi:

"Onko ihmisellä tällaista luonteenpiirrettä, joka minulla on? Jos minulle heitetään pienikin leivänmuru, kutsun raakkumalla veljeni ja sisareni paikalle jakamaan sen kanssani. Mutta ihminen toimii aivan toisin. Vaikka hänellä olisi kuinka paljon tahansa, hän haalii silti itselleen yhä enemmän ja ponnistelee viedäkseen

naapurinsakin leivän. Miksi siis itsekäs ja ahne ihminen korotetaan minun yläpuolelleni?"
Kala taas kuiskasi:
"Oi tietäjä! En sano ihmistä itseäni vähäisemmäksi, mutta sanon, että hän on varsinainen typerys! Minä en aiheuta hänelle minkäänlaista harmia. Itse asiassa palvelen häntä pitämällä lammet, altaat, järvet ja joet puhtaina. Syön jätteet, joita hän heittää veteen. Mutta sen sijaan, että hän haluaisi säilyttää minunlaiseni hyväntekijän, ihminen ottaa minut kiinni, tappaa ja syö! Pidätkö todellakin näin typerää ihmistä minua ylevämpänä?"
Muuli kiljui:
"Kala on oikeassa. Katso minun surkeaa ahdinkoani. Olen kuormajuhta. Minut tunnetaan siitä, että olen jumalallisen kärsivällinen. Kestän loukkaukset ja vammat kärsivällisesti. Ilman paveluksiani ihmiset kukkuloilla menehtyisivät välttämättömyyksien puutteeseen. Kannan heidän ruokansa ja tavaransa. Ja mikä on palkkioni? Lyömistä ja lisää lyömistä! Onko tällainen ihminen muka minua ylevämpi?"
"Kertokaa hänelle kaikki, ystävät hyvät", viekas kettu kannusti. "Kertokaa hänelle kaikista luonteenpiirteistämme ja yli-inhimillisistä saavutuksistamme!"
"Hyvä herra", sanoi peura, "nahka, jolla istutte ja mietiskelette Jumalaa, kuuluu meidän lajillemme. Oletteko kuulleet, että ihmisen nahkaa käytettäisiin samalla tavoin? Ja mitä kauneuteen tulee, neitojen kauniita silmiä verrataan minun silmiini. Kauniit sarveni taas koristavat ihmisten asuntoja."
Riikinkukko yhtyi heidän kuoroonsa:
"Minun sulkani taas ovat niin viehättäviä, että jopa Krishna laittoi niitä turbaaniinsa. Shanmukha käyttää minua kulkuneuvonaan, ja monet hänen oppilaistaan pitävät sulkiani taikasauvoina, joilla he karkottavat pahoja henkiä. Kukaan ei ole koskaan kuullut, että ihmisen nahkaa tai hiuksia käytettäisiin samalla tavoin."

"Minun lantaani pidetään pyhänä ja puhdistavana", lehmä lisäsi. "*Panchagavya* on aina mukana ihmisten pyhissä menoissa. Mutta ei tarvitse kuin mainita ihmisen oma uloste, kun se saa aikaan syvän vastenmielisyyden tunteen, ja jos ihminen koskettaa sitä vahingossa, hänen on peseydyttävä huolellisesti."

"Voiko kukaan ihminen ylpeillä yhtä ihmeellisellä hajuaistilla kuin minulla on?" koira kysyi.

"Entä voiko kukaan ihminen sanoa, että hänellä olisi yhtä ihmeellinen näköaisti kuin minulla?" haukka kysyi.

"Kykeneekö ihminen näkemään yöllä ja päivällä yhtä hyvin kuin minä?" kissa kysyi.

"Minä kykenen suurenmoisiin asioihin", norsu sanoi." Minulla on suurikokoinen ruumis. Älykkyydestäni on paljon tarinoita. Tämä kaikki on totta, mutta kerro meille ystävällisesti, miksi ihmistä pidetään meitä kehittyneempänä olentona. Vaikka olenkin samaa mieltä eläinveljieni kanssa, minusta tuntuu, että tähän täytyy olla jokin viisas syy."

Kaikki eläimet odottivat kärsivällisesti saadakseen kuulla tietäjän puhuvan. Hän vastasi sanoen:

"Kuunnelkaa, ystäväni ja viidakon perheenjäseneni! Kaikki, mitä olette sanoneet, on totta. Mutta Jumala on varustanut ihmisen erottelukyvyllä, älyllä, jolla hän voi erottaa oikean väärästä, valheen totuudesta ja hyvän pahasta. Teitä hallitsevat vaistot. Ihminen voi saavuttaa intuitiivisen ymmärryskyvyn. Hän voi hallita vaistonsa ja saavuttaa intuition avulla Jumalan."

"Entä jos hän ei teekään niin?" kysyi viekas kettu.

"Jos hän ei toimi tällä tavoin, hän on tietenkin eläintäkin alemmalla tasolla. Jos hän taas toteuttaa tämän mahdollisuuden, hän kohoaa muuta luomakuntaa korkeammalle tasolle", tietäjä vastasi.

Tämän kuultuaan eläimet poistuivat tyytyväisinä.

Amerikkalainen unelma

Monet ihmiset eri puolilla maailmaa ajattelevat, että jos he saisivat elää amerikkalaista unelmaa, se tekisi heidät onnellisiksi. Mitä amerikkalainen unelma tarkalleen ottaen on? Määritelmiä on monia, mutta perusajatus niissä kaikissa näyttää olevan tämä:

Joukko ihanteita, joissa vapauteen sisältyy mahdollisuus vaurastua ja menestyä. Kovan työn ansiosta suku ja lapset voivat kohota ylöspäin sosiaalisessa asemassa yhteiskunnassa, joka asettaa vain vähän rajoitteita.

Jopa monet koulua käyvät lapset Yhdysvalloissa näkevät nykyään amerikkalaisen unelman – hankitaan viehättävä talo, työpaikka, auto ja muita aineellisia mukavuuksia – perimmäisen tyhjyyden. Heidän mielestään hyvät ihmissuhteet ovat tärkeämpiä kuin yksikään aineellinen esine.

Ongelmana tässä ajattelussa on kuitenkin se, että se ei pureudu tarpeeksi syvälle, sillä myös ihmissuhteet voivat rapautua, aiheuttaa kärsimystä ja muuttua sisällyksettömiksi.

Myös Amma on sitä mieltä, että aineellinen hyvinvointi ja mukavuudet ovat tärkeitä tavoitteita elämässä. Kun katsomme hänen hyväntekeväisyyshankkeitaan, ymmärrämme, että niiden tarkoituksena on lahjoittaa ihmisille vähintäänkin elämän välttämättömyydet ja tarjota heille mahdollisuus viettää onnellista elämää. Mutta hän lisää, että vain suhde Jumalaan tyydyttää sydämen lopullisen onnellisuuden kaipuun. Mitä lähemmäksi Jumalaa pääsemme, sitä enemmän saamme nauttia jumalallista autuutta ja rauhaa. Tämä on ollut kaikkina aikoina henkisten ihmisten kokemus.

Sekä menneisyyden että tämän päivän *mahatmat*, suuret sielut, sanovat, että kun sielu alkaa lähestyä syntymän ja kuoleman kiertokulun päättymistä, maailma menettää vetovoimansa. Tämä johtaa lopulta antaumuksen tunteeseen Jumalaa kohtaan. Näyttää olevan luonnonlaki, että tuossa vaiheessa hän löytää gurun, joka osoittaa hänelle tien harhasta heräämisen tilaan.

Mikä pitää meidät syntymän ja kuoleman kiertokulussa? *Maya* piilottaa Jumalan näkyvistämme ja heijastaa näkökenttäämme luomakunnan. Se estää meitä näkemästä todellista olemustamme tuhoutumattomana sieluna saaden meidät luulemaan, että olemme tuhoutuva ruumis.

Amma sanoo yhä uudestaan ja uudestaan, että meidän ei tulisi tyytyä nykyiseen olotilaamme. Meidän tulisi hakeutua heränneiden sielujen seuraan, jotta tulisimme tyytymättömiksi *mayaan*, harhojen maailmaan ja alkaisimme ponnistella voidaksemme herätä. Sanontatapa "seura tekee kaltaisekseen" pitää sisällään suuren totuuden.

Suuri pyhimys Adi Shankaracharya kirjoitti monia *bhaktia*, antaumuksellista rakkautta, ja *advaitaa*, ykseysfilosofiaa, käsitteleviä tekstejä. Amma ja eräät muut nykyajan *mahatmat*, kuten Sri Ramana Maharshi, hyväksyvät täysin Shankaracharyan opetukset *advaita-vedantasta*, ei-kaksinaisuusfilosofiasta eli ykseysfilosofiasta. Eräässä hymnissä, nimeltä *Bhaja Govindam*, hän ylistää pyhimysten kanssa vietetyn ajan tärkeyttä.

Satsangatve nissangatvam
Nissangatve nirmohatvam
Nirmohatve nishchalatattvam
Nishchalatattve jeevanmukti

Hyvien seura vapauttaa meidät takertuneisuudesta, takertumattomuus vapauttaa meidät harhasta, kun harha meissä päättyy, mielestämme tulee tyyni ja rauhallinen, tyyni ja rauhallinen mieli taas johtaa *jivanmuktiin*, vapautukseen.

Hän sanoo, että *samsaran*, elämän ja kuoleman valtameren, ylittäminen on mahdotonta ilman Jumalan apua.

Punarapi jananam punarapi maranam
Punarapi janani jathare shayanam
Iha samsare bahudustare
Kripayapare pahi murare

Yhä uudelleen me synnymme, yhä uudelleen me kuolemme, ja aina uudelleen me uinumme äitimme kohdussa, oi Jumalani, auta minua ylittämään tämä ylittämätön elämän meri.

Maya tekee meistä lampaita. Niinpä me teemme enimmäkseen sitä, mitä muutkin tekevät. Harva ajattelee omien tekojensa lopullista päätepistettä. Kuolema ja pyhimysten seura ravistelee meidät hereille ja saa meidät ajattelemaan elämäämme aiempaa syvemmin.

Vivekananda ja opiskelija

Kun Swami Vivekananda matkusti toista kertaa Yhdysvaltoihin, hän kohtasi laivalla intialaisen opiskelijan. Tämä oli matkalla Yhdysvaltoihin opiskellakseen yliopistossa. Opiskelija näytti hienostuneelta ja käyttäytyi ylimielisesti, sillä tuohon aikaan vain harvat pääsivät matkustamaan ulkomaille. Swami oivalsi, että tämä olisi oikea hetki kertoa hänelle elämän todellisista arvoista. Niinpä eräänä iltana, kun he tapasivat laivan kannella, swamiji kysyi opiskelijalta:

"Poikani, mitä tarkoitusta varten olet menossa Amerikkaan?"

"Menen opiskelemaan korkeakouluun, arvon herra. Opintoni tulevat kestämään neljästä viiteen vuotta."

"Mitä teet sen jälkeen?"

"Palaan Intiaan. Saan varmasti hyvän työpaikan ja ansaitsen hyvin."

"Entä sitten?"

Opiskelija oli yllättynyt. Oliko swami niin ymmärtämätön, että ei tajunnut rahan arvoa?

"Sitten, arvon herra, olen mitä onnekkain ihminen. Kaikki isät, joilla on naimaikäisiä tyttäriä, tulevat luokseni avioliittoehdotustensa kanssa. Tulen olemaan asemassa, jossa voin asettaa omat ehtoni ja mennä naimisiin valitsemani tytön kanssa."

"Entä mitä sen jälkeen?"

Opiskelija alkoi ärsyyntyä näiden kysymysten vuoksi, mutta hän ei näyttänyt sitä. Hän vastasi kärsimättömästi:

"Sitten, hyvä herra, elämme yhdessä ja saamme lapsia. Minusta tulee merkittävä virkamies; hankimme talon, jossa voimme asua, ja auton, jolla voimme liikkua paikasta toiseen. Lapsemme tulevat saamaan parhaan mahdollisen koulutuksen ja heillä tulee olemaan kaikki mahdollisuudet tulla hyvin toimeen elämässään. Tyttäristäni tulee oivia vaimoehdokkaita ja poikani saattavat lähteä ulkomaille opiskelemaan ja päästä sen jälkeen hyviin työpaikkoihin."

"Entä sitten?"

Nyt opiskelija oli varma, että swami pilkkasi häntä. Hän katsoi swamin kasvoja nähdäkseen hänen ilmeensä, mutta hänen kasvonsa olivat peruslukemilla. Niinpä opiskelija vastasi kasvavan ärtymyksen vallassa:

"Kun lapseni ovat vakiinnuttaneet paikkansa elämässä, minä lähestyn eläkeikää. Sitten rakennan kotikylääni pienen talon, jossa asun eläkkeelle jäämiseni jälkeen. Saan hyvää eläkettä ja elän mukavaa elämää."

"Entä sen jälkeen?"

Tällä kertaa opiskelija menetti jo malttinsa. Hän tokaisi vihaisena:

"Millaisia kysymyksiä oikein esität? Mitä muuta on jäljellä? Sitten minä kuolen!"

Swami hymyili tyynesti ja sanoi:

"Jos tarkoituksesi on vain ansaita rahaa, syödä, tuottaa lapsia ja kuolla, mikä on tällaisen ihmiselämän arvo? Eivätkö eläimet tee niin ilman ulkomailla hankittua koulutustakin? Eivätkö linnut toimi samalla tavoin käymättä kouluja? Eivätkö kalat tee niin ilman, että saavat korkeaa palkkaa ja että heillä olisi talo? Syntymä ja kuolema ovat yhteisiä kaikille olennoille. On selvää, että elämän tulisi olla kelvollista, mutta meillä tulisi olla myös korkeammat arvot. On toki sopivaa hankkia rahaa ja asema, mutta ne ovat vaivan arvoisia vain, jos käytämme niitä toisten palvelemiseen."

Opiskelija nolostui ja päätti elää siitä päivästä lähtien tarkoituksellista elämää yhteiskunnan palveluksessa.

Jos swamilla olisi ollut mahdollisuus viettää enemmän aikaa nuorukaisen seurassa, hän olisi epäilemättä suunnannut hänen huomionsa kohti henkisiä ajatuksia ja kohti korkeampaa päämäärää, niin kuin Amma tekee.

Jos olemme kadottaneet jotakin, mitä silloin teemme löytääksemme sen? Pidämme sen mielessämme, kunnes muistamme, mihin olemme jättäneet sen. Amma sanoo, että olemme samalla tavoin "hukanneet" Jumalan erilaisten ajanvietteiden ja tavaroiden paljouteen, tähän maailmaan. Löytääksemme Hänet meidän on pidettävä Häntä mielessämme. Meidän tulee muistaa, että Hän on sisällämme, että Hän on vain jäänyt piiloon loputtomien ajatustemme ja tunteittemme alle. Hänen löytämisensä itsestämme on suurin ilo, kaiken kärsimyksen loppu, korkeimman autuuden aamunkoitto.

On monta tapaa pitää Jumalaa mielessä, kuten meditointi, *japa*, *bhajanit* ja *seva*. Jotkut harvat saavat osakseen suuren onnen elää samassa ajassa jumalallisen sielun kanssa. *Patanjalin jooga-sutrat* sanovat, että *mahatman* ajatteleminen on luonnollinen ja tehokas meditaation muoto, joka puhdistaa levotonta mieltä. Krishnan, Raman, Buddhan, Jeesuksen ja Sri Ramakrishnan kaltaiset suuret sielut vetivät puoleensa jumalallisen magneetin lailla lukemattomia sieluja. Moni on puhdistanut mielensä ja löytänyt Jumalan näiden *mahatmojen* seuran avulla. Me olemme samalla tavoin Amman jumalallisen läsnäolon siunaamia ja meillä on yhtä hyvät mahdollisuudet löytää Jumala kuin näillä siunatuilla sieluilla. Mutta meidän on vapautettava mielemme takertuneisuudesta maailmaa kohtaan ja täytettävä se Jumalaa ja gurua koskevilla ajatuksilla. Jossakin vaiheessa saamme kokea, että guru on sisällämme, että hän on rakkain Itsemme.

Vrindavanin asukkaat, *gopit*, tunsivat luonnollista antaumusta Krishnaa kohtaan. Vaikka he elivät jokapäiväistä elämäänsä, ajatus Krishnasta oli aina heidän mielessään. Hän teki suuria ja pieniä ihmetekoja vahvistaakseen heidän uskoaan ja antaumustaan.

Pitkälle kehittyneet *sadhakat*, henkiset oppilaat, eivät tarvitse ihmeitä eivätkä vakuutuksia gurunsa jumalallisuudesta. He voivat aina tuntea gurun olemuksesta säteilevän voimallisen rauhan ja autuuden. Mutta me tavalliset ihmiset tarvitsemme aika ajoin uskon vahvistusta. Jos olemme tarkkaavaisia, oivallamme vähitellen, että koemme jatkuvasti Amman armon synnyttämiä ihmeitä. Nähdäksemme asiat tässä valossa meidän tulee hyväksyä sekä miellyttävät että tuskalliset tilanteet hänen armonsa ilmentyminä.

Tutki tarkkaavaisesti omaa elämääsi. Amma on aina kanssasi, opettaen sinua ja vetäen huomiotasi puoleensa. Älä pelkää. Ole rohkea ja luota Amman sanoihin:

"Olen aina kanssasi, lapseni."

Hän on aina kanssamme, nyt ja ikuisesti.

www.ingramcontent.com/pod-product-compliance
Lightning Source LLC
Chambersburg PA
CBHW060154050426
42446CB00013B/2816